WÖLFE UND ANDERE SELTENE TIERARTEN HABEN VOM OSTEN DEUTSCHLANDS AUS DEN WESTEN DES LANDES UND MEHRERE NACHBARSTAATEN BESIEDELT.
UND SO WIE DIE WILDTIERE WANDERN UND GRENZEN ÜBERWINDEN, SO WANDERT AUCH DIE ERKENNTNIS, DASS SELBST IN EINER INDUSTRIENATION WIE DEUTSCHLAND ERSTAUNLICHE ERFOLGE IM NATURSCHUTZ MÖGLICH SIND.

AXEL GOMILLE

Deutschlands WILDER OSTEN

IM LAND VON KRANICH, WOLF UND ADLER

FREDERKING & THALER

Für meine Mutter Eva – Fotografin aus Sachsen

INHALT

Fotograf und Autor Axel Gomille 1988 in Sachsen. ▽
Der Biber war eines der ersten Motive, dem er sich widmete. ▷
Am Darßer Weststrand grenzt der Wald direkt an die Ostsee
und wird bei Stürmen ins Meer gerissen. ▽▽

BEIDERSEITS DER GRENZE

Vorwort

Wildtiere waren schon als Kind meine große Leidenschaft. Ich wollte alles über sie wissen, las Bücher und Zeitschriftenartikel und schaute mir Dokumentationen im Fernsehen an. Am liebsten beobachtete ich sie jedoch selbst mit meinem Fernglas, das ich mir zum siebten Geburtstag gewünscht hatte.

Ich wuchs im Westen auf, hatte jedoch auch Familie im Osten. Meine Mutter stammte aus Sachsen und hatte eine Ausbildung zur Fotografin gemacht. Als sich die politische Situation mit dem Mauerbau zuspitzte, siedelte sie kurz entschlossen in den Westen über. Ihre Verwandten lebten jedoch weiterhin in Sachsen und Sachsen-Anhalt, und wir besuchten sie regelmäßig. Ein Höhepunkt des Jahres war für mich daher, in den Sommerferien in die DDR zu fahren, denn dort gab es Wildtiere, die ich im Westen nie zu sehen bekam.

Meine Oma lebte in Torgau, wo zu meiner großen Freude auch ein Restbestand des bedrohten Elbe-Bibers überlebt hatte. Nur fünf Minuten von ihrer Wohnung ließen sich die seltenen Nager häufig beobachten. Schnell fasste ich den Plan, die schönen Erlebnisse für mich persönlich festzuhalten. Und so nahm ich eine Kamera meiner Mutter zur Hand, eine alte Praktica, legte einen Orwo-Film ein, und begab mich auf Fotosafari. In den 1980er-Jahren fotografierte ich in der DDR Biber, Ringelnattern oder Störche und freute mich sehr, wenn ich gelegentlich Seeadler, Fischadler oder Kraniche beobachten konnte.

MIT BIBERN FING ES AN

Mit der Wende gab es ein großes Interesse an Berichten über den Osten, und weil ich dort schon seit Jahren fotografiert hatte, war ich als unbekannter Fotograf den professionellen Kolleginnen und Kollegen einen Schritt voraus. Noch als Schüler konnte ich so meine ersten mehrseitigen Reportagen veröffentlichen, die ich fotografiert und geschrieben hatte. In Zeitschriften wie »Das Tier« von Bernhard Grzimek und Heinz Sielmann oder »kosmos« berichtete ich über Biber und Naturschutz in der DDR. Es war die Grundlage für meine weitere berufliche Laufbahn.

Ich studierte Biologie und arbeitete zunächst als Fotograf und Autor, später zudem als Filmemacher. Insbesondere interessierte mich, wie Menschen und Wildtiere auch im 21. Jahrhundert koexistieren können. Ich hatte das große Privileg, dieser Frage in vielen Teilen der Welt

nachgehen zu können, und so berichtete ich unter anderem über Tiger in Indien, Löwen in Tansania oder Bären in Rumänien. Als schließlich die ersten Wölfe nach Deutschland zurückkehrten, wusste ich, dies ist eine große Geschichte, bei der ich dabei sein möchte.

Im Laufe der Jahre machte ich mehrere Dokumentationen über Wölfe und Biber für das ZDF. Ich veröffentlichte den ersten Bildband über »Deutschlands wilde Wölfe«, der nur mit dokumentarischen Fotos aus freier Natur illustriert war, sowie ein Kinderbuch zum selben Thema. Hinzu kamen viele Vorträge, Magazinbeiträge, Zeitschriftenartikel und eine TV-Dokumentation über »Neue Wildnis in Deutschland«.

Seit meiner Kindheit verfolge ich nun, wie sich die Natur in Deutschland beiderseits der Grenze entwickelt. Trotz negativer Schlagzeilen gibt es auch bemerkenswerte Erfolge. Wo ich als Jugendlicher mit der Praktica meiner Mutter unterwegs war, leben inzwischen Wölfe. Biber sind in Deutschland wieder weit verbreitet. Seeadler, Fischadler und Kraniche, die ich früher nur im Osten beobachten konnte, sind im Aufwind und haben Teile des Westens erneut besiedelt. Dies zeigt, dass sich Naturschutz lohnt – es sind Erfolgsgeschichten aus Deutschlands wildem Osten.

Der Rotmilan könnte durchaus unser Wappenvogel sein – mehr als die Hälfte des Weltbestandes brütet in Deutschland. Bei seiner Ernährung ist er nicht wählerisch. ▷
Der Kormoran dagegen ist auf Fische spezialisiert. ▽

EINE HISTORISCHE CHANCE

Das Nationalparkprogramm der DDR

Es war der Abend des 12. September 1990. Kurz vor dem Beitritt der DDR zur Bundesrepublik Deutschland beschloss der DDR-Ministerrat in seiner allerletzten Sitzung, 14 große Naturlandschaften unter Schutz zu stellen. Dieser in der deutschen Geschichte einmalige Vorgang war der krönende Abschluss eines Prozesses, den kluge Naturschützer schon Jahrzehnte zuvor angestoßen hatten. Was war geschehen?

In der DDR existierten einige wichtige Naturschutzgebiete, wie etwa das Ostufer der Müritz, aber keine Nationalparks – obwohl es in den 1950er-Jahren bereits erste Überlegungen gab, Nationalparks einzurichten. Eine Gruppe von visionären Naturschützern und Botanikern um Michael Succow, Hans Dieter Knapp und Lebrecht Jeschke entwickelte in den 1970er-Jahren das Nationalparkprogramm der DDR, das

Die Nationalparks Jasmund auf Rügen ▷ sowie Vorpommersche Boddenlandschaft ▽ gehören zu den großen Naturlandschaften, die mit dem Nationalparkprogramm der DDR unter Schutz gestellt werden konnten. Ein Wolf durchstreift sein Revier in Brandenburg. ▽▽

die Errichtung gleich mehrerer Nationalparks zum Ziel hatte. Im Naturschutzgesetz der DDR war eine Schutzkategorie dieser Güte jedoch nicht vorgesehen, und es gab keinen politischen Willen, daran etwas zu ändern. Und so vergingen Jahrzehnte, bis sich für die Umsetzung der Pläne eine neue Perspektive eröffnete.

EINE UNGEAHNTE MÖGLICHKEIT

Mit der sich ankündigenden politischen Wende änderte sich die Lage. Die friedlichen Proteste der Bürgerbewegung gegen die Staatsführung hatten das Ziel, Freiheiten zu gewinnen und Ungerechtigkeiten zu beenden. Eine weitere Rolle spielte damals aber auch der Protest gegen massive Umweltverschmutzung, die beispielsweise im Umfeld großer chemischer Produktionsstätten vorkam. Im September 1988 wurde im Osten und Westen Deutschlands bekannt, wie stark die chemische Industrie im Raum Bitterfeld die Umwelt verseuchte und damit auch die Gesundheit der Bevölkerung gefährdete. Dies mag dazu beigetragen haben, dass der Grundgedanke, die Natur zu bewahren, von einer breiten Öffentlichkeit mitgetragen wurde.

Im Zuge der friedlichen Revolution bot sich schließlich die Chance, das ambitionierte Nationalparkprogramm der DDR doch noch umzusetzen. Im Januar 1990 wurde Michael Succow stellvertretender Umweltminister der DDR. Zusammen mit einem Team gleichgesinnter Mitstreiter wollte er die Gunst der Stunde nutzen.

Mit dem Systemwechsel eröffneten sich völlig neue Möglichkeiten, an die zu DDR-Zeiten noch nicht zu denken war. Ehemalige militärische Sperrgebiete, auf denen einst russische Truppen geübt hatten, sollten aufgegeben werden. Schwer gesicherte Grenzen wurden geöffnet und dadurch getrennte Regionen wieder verbunden. Große Staatsjagdgebiete, die zuvor der DDR-Führung für exklusive Jagden vorbehalten waren – wie etwa an der Müritz – wurden abgeschafft. Es war eine historische Chance. Und da sich die Machtverhältnisse bald ändern würden, war es nötig, weitreichende Entscheidungen schnell zu treffen.

Dennoch musste der Kurs ein wenig korrigiert werden. Das Ziel von Nationalparks ist die Erhaltung großer Naturräume, die der Mensch im Idealfall nicht beeinflusst – in Nationalparks soll sich die Natur völlig frei entwickeln können. Zwar ist der Osten Deutschlands weniger dicht besiedelt als der Westen. Aber in den meisten Gebieten leben trotzdem zu viele Menschen, um dort Nationalparks auszuweisen. Deswegen wurden Biosphärenreservate mit in das Konzept aufgenommen. Anders als Nationalparks schützen sie besondere Kulturlandschaften. Als dritte Kategorie wurden Naturparks für den Schutz von Kulturlandschaften mit regionaler Bedeutung ergänzt.

Letztlich beschloss der Ministerrat die Ausweisung von fünf Nationalparks: Vorpommersche Boddenlandschaft, Jasmund und Müritz in Mecklenburg-Vorpommern, Harz in Sachsen-Anhalt sowie Sächsische Schweiz. Hinzu kamen die sechs Biosphärenreservate Südost-Rügen, Schorfheide-Chorin, Spreewald, Mittelelbe, Rhön und Thüringer Wald sowie die drei Naturparks Drömling, Schaalsee und Märkische Schweiz – wobei Schaalsee und Drömling inzwischen ebenfalls Biosphärenreservate sind. An diesem historischen Septemberabend wur-

den rund 4,5 Prozent der Landesfläche der DDR unter Schutz gestellt. Klaus Töpfer, damals Bundesumweltminister, bezeichnete die Schutzgebiete als das Tafelsilber der Deutschen Einheit.

NATURSCHUTZ ALS ATTRAKTION

Die Nationalparks im Osten gehören längst zu den beliebtesten Reisezielen in Deutschland. Ein Blick auf die Kreidefelsen von Rügen, ein Spaziergang am wilden Darßer Weststrand entlang der Ostsee oder eine Wanderung durch die zerklüfteten Felsen der Sächsischen Schweiz sind unvergessliche Erlebnisse. Aufgrund der hohen Besucherzahlen sind die Nationalparks auch wichtige Wirtschaftsfaktoren geworden – allen Zweiflern zum Trotz.

Die letzten 30 Jahre haben außerdem gezeigt, wie schnell die Wunden der Natur manchmal verheilen können. Trotz militärischer Altlasten, intensiver Forstwirtschaft oder anderer Nutzung – wenn der Mensch sich zurückzieht, wird die Natur rasch wieder wilder.

All dies wurde möglich, weil visionäre Naturschützer trotz aller Widrigkeiten an eine große Idee glaubten. Die Umsetzung vom Nationalparkprogramm der DDR war tatsächlich eine historische Chance und hat den Naturschutz in Deutschland nachhaltig positiv geprägt.

WILDE KÜSTE

Eine Lachmöwe ärgert einen Seeadler. Da sie wendiger ist, kann der Greifvogel ihr nicht viel anhaben. Dabei wird die Größe des Adlers deutlich – er kann eine Spannweite von etwa 240 Zentimetern erreichen.

ZWISCHEN LAND UND MEER

Vorsichtig tritt die Hirschkuh aus dem Schilf. Prüfend hebt sie die Nase in den Wind, ihre Ohren drehen sich unabhängig voneinander in verschiedene Richtungen, ihr Blick streift über die freie Fläche am Ufer des Strandsees. Graureiher sowie mehrere Enten- und Watvogelarten suchen im flachen Wasser nach Nahrung. Nichts deutet auf eine Gefahr hin. Endlich läuft die Hirschkuh weiter. Nun wird der Grund für ihre Vorsicht erkennbar – ihr folgt ein Kalb. Immer mehr Hirschkühe, begleitet von ihrem Nachwuchs, kommen aus der Deckung und beginnen an frischen Trieben zu knabbern. Ein Schwarm Stare folgt dem Rudel lautstark. Die Vögel landen auf den Hirschen, um in deren Fell nach Parasiten zu suchen, und flattern aufgeregt umher, wenn sie weiterlaufen. Große Säugetiere im wogenden gelblichen Gras, begleitet von kleinen Vögeln, die auf einen Leckerbissen hoffen – die Szenerie wirkt auf mich fast ein bisschen afrikanisch. Doch im Hintergrund erstreckt sich die Ostsee. Das stetige Geräusch der Wellen dringt an mein Ohr. Die sanfte Brise riecht nach Salz und Kiefernharz, die Morgensonne taucht alles in goldenes Licht. Ein typischer, wunderbarer Morgen an der wilden Küste.

DAS MEER FORMT NEUE WILDNIS

Rothirsche vor der Kulisse der Ostsee – so etwas sieht man in Deutschland nur im Nationalpark Vorpommersche Boddenlandschaft. Mit einer Fläche von 786 Quadratkilometern ist er der größte Nationalpark im Osten Deutschlands, wobei 83 Prozent seiner Fläche im Meer liegen, der Rest schützt wertvolle Bereiche an Land. Beides ist eng miteinander verbunden. Dies zeigt sich besonders deutlich im Westen der Halbinsel Fischland-Darß-Zingst – am Darßer Weststrand. Dort grenzt der Wald direkt ans Meer, nur ein schmaler Streifen Strand liegt zwischen den Bäumen und der See.

Die Ostsee mag an vielen Tagen ruhig wirken, doch sie kann auch anders. Wenn die vorherrschenden Winde aus westlicher Richtung auffrischen, peitschen die Wellen mit ungebremster Energie in den Wald und reißen ganze Bäume ins Wasser. Die See nagt an der Küste, entreißt ihr Sand und formt sie ständig neu. An den meisten deutschen Küstenabschnitten versucht man, die Kraft des Meeres durch Buhnen zu brechen, doch am Darßer Weststrand darf sich die Natur frei entfalten.

Der Sand, den die Wellen ins Meer spülen, ist jedoch nicht verloren. Die Strömung transportiert ihn in den Norden der Halbinsel, wo er zu Sandbänken aufgeschüttet wird. Nach und nach werden sie von Pflanzen

Graureiher sind vielseitig und leben sowohl im Binnenland als auch an der Küste. Sie ernähren sich von Kleintieren aller Art und fressen auch gerne Fisch. ▷
Die leeren Muschelschalen sind jedoch nur Strandgut, das von der Ostsee anspült wurde. ◁

besiedelt und entwickeln sich schließlich zu Inseln. Diese Flächen sind vom Menschen völlig unberührt – es bildet sich eine neue Wildnis, Tag für Tag. Dies geschieht vergleichsweise schnell, denn die Küstengewässer der südlichen Ostsee sind flach. Unter günstigen Bedingungen kann innerhalb eines Jahres eine neue Sandbank entstehen, innerhalb von Jahrzehnten eine bewachsene Insel. Durch Ablagerung weiterer Sedimente verbinden sich die Inseln schließlich mit dem Festland. Der Küstenverlauf ändert sich und Meeresbuchten werden schließlich zu Seen. Diese natürliche Dynamik soll der Nationalpark schützen.

Die wilde Küstenlandschaft ist Heimat zahlreicher Vogelarten. Kormorane, Möwen und Seeschwalben suchen hier nach Nahrung und häufig patrouillieren Seeadler an der Wasserkante oder den Strandseen. Da die Ostsee nur eine geringe Salzkonzentration aufweist, fühlen sich dort auch Arten wie der Höckerschwan wohl, den man eher von Binnengewässern kennt. Berühmt ist die Region vor allem für zehntausende Kraniche und Gänse, die während des Vogelzugs in der Umgebung von Zingst übernachten. Ein Spektakel, das jedes Jahr viele Menschen begeistert.

GANZ JUNGE UND URALTE WÄLDER

Weniger bekannt sind die Wälder des Nationalparks Vorpommersche Boddenlandschaft. Im Norden des Darß wird der lockere Sand bald von Dünengras besiedelt und dadurch stabilisiert. Weitere Pflanzenarten folgen, bis die ersten Kiefern das neue Land erobern. Schließlich wächst ein junger Wald heran. Je weiter man sich von der Küstenlinie entfernt, desto älter werden das Land und damit auch der Baumbestand. Erlenbrüche, die im Frühjahr zu großen Teilen unter Wasser stehen, sind unzugänglich, sodass dort auch einige Kranichpaare brüten. Die Bäume in dieser Wildnis sind etwa 70 bis 80 Jahre alt. Weiter südlich, wo das Land älter ist, finden sich auch beeindruckende Eichen und Buchen, die seit mehreren hundert Jahren hier stehen. Um all diese Kostbarkeiten zu schützen, wurde die Vorpommersche Boddenlandschaft schon 1990 zum Nationalpark erklärt.

Im selben Jahr entstand auch der Nationalpark Jasmund, der nur rund 50 Kilometer weiter östlich auf Rügen liegt, Deutschlands größter Insel. Jasmund ist bedeutend kleiner und umfasst nur 31 Quadratkilometer. Damit ist er der kleinste Nationalpark Deutschlands und im Grunde auch zu klein für eine Schutzkategorie dieser Art, denn das Bundesamt für Naturschutz empfiehlt eine Mindestgröße von 100 Quadratkilometern für Nationalparks, damit großflächig natürliche Prozesse ohne menschlichen Einfluss ablaufen können. Dennoch punktet Jasmund mit zwei Besonderheiten: Im Herzen des Gebiets gedeihen uralte Buchenwälder, die seit 2011 sogar zum UNESCO-Welterbe gehören. Zudem zählen die Kreidefelsen von Rügen zu den berühmtesten Charakterlandschaften Deutschlands. Der Maler Caspar David Friedrich verewigte die Küste im Jahr 1818 und schuf mit seinem Gemälde »Kreidefelsen auf Rügen« eine Ikone der deutschen Romantik. Jedes Jahr strömen mehr als eine Million Menschen nach Rügen, um die Landschaft selbst zu erleben. Ein Beleg dafür, dass Jasmund zu den schönsten Gebieten Deutschlands gehört.

Am bequemsten lassen sich die berühmten Felsen vom Aussichtspunkt Königsstuhl überblicken, der die Küste um etwa 120 Meter überragt. Näher dran ist jedoch, wer bis an die Wasserkante absteigt. Die Kreidefelsen sind etwa 70 Millionen Jahre alt und bestehen aus den verdichteten, kalkhaltigen Überresten unzähliger kleiner Meereslebewesen. Das Gestein verwittert, und so brechen besonders nach starken Regenfällen immer wieder Teile der Steilwand ab und stürzen in die Tiefe. Durch Erosion ist der Strand mit Steinen, Felsbrocken und Baumstämmen übersät. Hier wird deutlich, dass auch der kleine Nationalpark Jasmund eine wilde Seite hat. In der Felswand brüten Mehlschwalben, die ihre Nester mit akrobatischem Geschick unter Vorsprüngen errichten. Und gelegentlich saust in pfeilschnellem Flug ein Wanderfalke vorbei, der ebenfalls in den Klippen nistet und Jagd auf Vogel macht.

In den Darßer Wald im Nationalpark Vorpommersche Boddenlandschaft sind inzwischen sogar wieder Wölfe eingewandert. In dem wildreichen Gebiet finden sie viel Nahrung. Und so lassen sich vor der Kulisse der Ostsee nicht nur Rothirsche beobachten, sondern mit viel Glück sogar Wölfe, die ihnen nachstellen. Es ist ein Zeichen dafür, dass sich die Natur wieder entfaltet, wenn man ihr Zeit und Raum gibt. Durch die Nationalparks sind diese Gebiete langfristig gesichert. Dort darf sie ursprünglich bleiben und sich völlig frei entwickeln – Deutschlands wilde Küste.

DER DEUTSCHE NAME KORMORAN IST AUS DEM FRANZÖSISCHEN »CORBEAU MARIN« HERVORGEGANGEN, WAS WIEDERUM AN DAS LATEINISCHE »CORVUS MARINUS« ANGELEHNT IST – BEIDES BEDEUTET »RABE DES MEERES«.

Kormorane ernähren sich überwiegend von Fischen und wurden als vermeintliche Fischereischädlinge lange verfolgt. Aus vielen Regionen Deutschlands waren sie verschwunden, bis in die 1980er-Jahre blieb ihre Zahl sehr niedrig. Seitdem Kormorane unter Schutz stehen, hat sich ihr Bestand deutlich erholt. Im Osten Deutschlands brüten wieder rund 17 500 Paare.

Seeadler machen Jagd auf verschiedene Wasservögel wie Enten oder probieren, anderen Vögeln ihre Beute abzunehmen. Gerne suchen sie auch die lange Ostseeküste nach Nahrung ab, die von der Brandung angespült wird.

Weil Wind und Strömung Sedimente ablagern, verändert sich der Küstenverlauf ständig. Diese natürliche Dynamik soll der Nationalpark Vorpommersche Boddenlandschaft schützen. So werden ehemalige Meeresbuchten, die im Laufe der Zeit aussüßen, langsam zu Strandseen.

Weißwangengänse, auch Nonnengänse genannt, lassen sich während des Vogelzugs zu Tausenden an der Ostseeküste beobachten. Im hohen Norden existieren drei voneinander isolierte Brutvorkommen. Vor einigen Jahren begannen sie auch in Deutschland zu brüten.

Wo sich erdgeschichtlich betrachtet vor nicht allzu langer Zeit noch die Ostsee ausdehnte, ist im Nationalpark Vorpommersche Boddenlandschaft neues Land entstanden. Nun besiedeln Rothirsche und zahlreiche andere Tierarten die junge Wildnis.

In ausgedehnten Schilfbeständen finden Rothirsche ideale Bedingungen. Sie nutzen regelmäßig dieselben Wechsel und halten so Passagen durch die Vegetation und Kanäle offen – das Wasser scheuen sie nicht.

GROSSE SCHILFFLÄCHEN SIND REGELRECHTE DSCHUNGEL AUS GRAS – DORT FINDEN VIELE TIERE EINE ZUFLUCHT.

Rotfüchse sind Generalisten, die mit ganz unterschiedlichen Lebensräumen und Nahrungsquellen zurechtkommen. Sie leben an der Ostseeküste oder in Feuchtgebieten des Binnenlandes ebenso wie in Wäldern und auf Wiesen.

Hinter der Ostseeküste auf dem Darß gedeiht ein vielfältiger Wald, der stellenweise von Erlen dominiert ist. In solchen Bruchwäldern kann über Wochen oder Monate Wasser stehen, sie sind wichtige Lebensräume für Vögel und Amphibien. ▽▽

Der Waschbär △ stammt aus Nordamerika und gehörte ursprünglich nicht zur heimischen Tierwelt, inzwischen ist er aber weit verbreitet. Manche Naturschützer vermuten, dass er die Bestände von heimischen Arten wie etwa Kranichen ▷ negativ beeinflussen könnte, indem er Eier oder Jungvögel frisst. Bei einer langjährigen Untersuchung zum Nahrungsspektrum von Waschbären konnte dies jedoch nicht bestätigt werden – offenbar sind die Kraniche zu wehrhaft.

Während der Zugzeiten im Frühjahr und Herbst rasten jede Nacht viele Tausend Kraniche in den flachen Boddengewässern. Ständig treffen neue Trupps ein. Sie fliegen in Keilformation, wobei sie lautstark trompeten und schon aus großer Entfernung zu hören sind. ▽▽

Bäume, die an der Küste an vorderster Front stehen, geben dem ewigen Wind nach und neigen sich in die entgegengesetzte Richtung – es sind Windflüchter. △
Die Elemente beanspruchen die Bäume ihr ganzes Leben lang, und irgendwann können selbst große Exemplare den Kräften nicht länger standhalten. ◁

Ein Seeadlerpaar hat mitten in einer Kormorankolonie seinen Horst gebaut. ◁ Eine potenzielle Gefahr, denn die großen Greifvögel erbeuten gelegentlich auch Kormorane – vor allem Jungvögel. Die alten Kormorane bleiben daher stets wachsam. △ Inzwischen hat der Bestand von Seeadlern im Ostseeraum wieder deutlich zugenommen. Einige Horste lassen sich sogar von Wanderwegen aus einsehen.

Die alten Buchenwälder des Nationalparks Jasmund auf Rügen gehören zum UNESCO-Welterbe. Einst gab es viele Buchenwälder in Deutschland, doch die meisten wurden von der Forstwirtschaft durch Bäume, die schneller wachsen und einen höheren Ertrag bringen, ersetzt.

Rügen ist berühmt für seine markanten Kreidefelsen. Eine geologische Besonderheit, deren Gestein etwa 70 Millionen Jahre alt ist. Heute gehören auch sie zum Nationalpark Jasmund. Mit einer Fläche von 31 Quadratkilometern ist er der kleinste Nationalpark Deutschlands.

Die wilde Küste verändert mit der Zeit ihr Aussehen, denn fast ständig nagen die Elemente an dem relativ weichen Gestein. Besonders bei Stürmen und starken Niederschlägen verlieren Bäume ihren Halt, und gelegentlich stürzen Teile der Felswand in die Tiefe. ▽▽.

MAGISCHE MOORE

GEHEIMNISVOLL UND GEFÄHRDET

Moore können ganz unterschiedlich aussehen. Während in Niedermooren auch Bäume wachsen können, wie hier im Müritz-Nationalpark ▷, sind die Zentren von Hochmooren meist baumlos. Dort wachsen auch spezialisierte Pflanzen wie der fleischfressende Sonnentau. ◁ Auf seinen Blättern sitzen klebrige Tentakel, mit denen er Insekten fangen kann. Diese Zusatzkost ermöglicht dem Sonnentau, auch auf nährstoffarmen Böden zu gedeihen.

Moore hatten lange mit einem schlechten Image zu kämpfen. Sie galten als gespenstische, lebensfeindliche Orte, die eine immerwährende Gefahr darstellen, weil arglose Wanderer jederzeit darin versinken könnten. Sie wurden als Ödland angesehen, da sich die kargen Böden nicht nutzen ließen. Daher wurden Moore im großen Stil trockengelegt, um dort vor allem Landwirtschaft oder in geringerem Umfang Forstwirtschaft zu betreiben. Regional trägt auch noch immer der Torfabbau zur Moorzerstörung bei, um den Torf für den Gartenbau oder als Brennmaterial zu verwenden. Einst waren Moore in Deutschland typische Landschaftsformen – heute sind 95 Prozent davon geschädigt oder zerstört.

Moore sind Ökosysteme, deren Böden unter natürlichen Bedingungen vollständig mit Wasser gesättigt sind. Abgestorbene Pflanzen können aufgrund von Sauerstoffmangel nicht oder nur unvollständig verrotten – sie bleiben als Torf zurück und bilden die Grundlage eines Moores. Dabei wird zwischen verschiedenen Moortypen unterschieden. Ein Niedermoor hat Kontakt zu Grund- oder Oberflächenwasser, daher stehen relativ viele Nährstoffe zur Verfügung. Oft existiert eine große Vielfalt an Tier- und Pflanzenarten, es kann von Bäumen oder Sträuchern durchsetzt sein. Typische Bewohner von Mooren sind beispielsweise Kreuzotter oder Wollgras. Einst gab es viele Niedermoore im Nordosten Deutschlands, sie wurden aber ebenfalls großflächig entwässert.

Da die Pflanzen schneller nachwachsen als sie sich im Boden zersetzen, wächst das Moor nach oben – allerdings sehr langsam. So kann sich ein Niedermoor zu einem Hochmoor entwickeln. Hochmoore beziehen alle Feuchtigkeit über die Niederschläge und werden daher auch Regenmoore genannt. Es sind nährstoffarme Lebensräume mit sauren Böden, auf denen nur wenige spezialisierte Pflanzenarten wie Torfmoose gedeihen. Moore wachsen etwa einen Millimeter pro Jahr in die Höhe, bei einer mehrere Meter dicken Torfschicht sind sie also viele tausend Jahre alt.

Im Torf sind enorme Mengen an Kohlenstoff gespeichert, deshalb haben Moore eine große Bedeutung für den Klimaschutz. Inzwischen werden manche Moore, die einst trockengelegt wurden, wieder vernässt. So sollen sie in die Lage versetzt werden, erneut als Kohlenstoffspeicher zu wirken, und bieten gleichzeitig bedrohten Tier- und Pflanzenarten einen Lebensraum. Ihr schlechtes Image haben die Moore längst verloren.

Kreuzottern sind in ihrer Färbung sehr variabel. Am häufigsten treten helle Tiere mit dunkler Zeichnung auf, doch es gibt auch schwarze Exemplare. Diese scheinen in Mooren und in Bergregionen häufiger vorzukommen – möglicherweise, um die dort geringere Strahlungswärme besser auszunutzen.
Wollgras ◁ ist typisch für Moore. An günstigen Standorten, wie im Anklamer Stadtbruch in Mecklenburg-Vorpommern, gedeihen ausgedehnte Bestände. Den charakteristischen an Baumwolle erinnernden Schopf trägt es meist zwischen Mai und Juni.

Im Nationalpark Hainich in Thüringen darf sich der Wald ohne Einfluss des Menschen entwickeln. Anders als in Wirtschaftswäldern werden umgestürzte Bäume nicht entfernt, sondern können vor Ort verrotten. ▽▽

WILDE WÄLDER

Der Rothirsch ▷ gilt als Charaktertier des deutschen Waldes. Bis der Wolfswelpe ▽ sich an einen Hirsch wagt, wird noch viel Zeit vergehen. Auch erwachsene Wölfe jagen häufiger Hirschkälber als die wehrhaften Alttiere.

DICHTES GEHÖLZ UND ALTE BÄUME

Gut getarnt sitze ich am Rand eines Waldes in Brandenburg und blicke auf eine große sandige Fläche. Zahlreiche Spuren verraten, dass hier Wölfe zu Hause sind. Doch es ist außerordentlich schwer, die wachsamen Tiere vor die Kamera zu bekommen. Sie versuchen stets, Begegnungen mit Menschen zu vermeiden, daher muss ich meine Anwesenheit verbergen. Der Wind steht günstig, die Tarnung lässt mich mit der Vegetation verschmelzen, ich bin ganz still. Nur das Zirpen der Insekten ist an diesem Sommerabend zu hören. Nun heißt es warten. Ich beobachte einen Seeadler in einer Kiefer am gegenüberliegenden Waldrand. Plötzlich bemerke ich aus dem Augenwinkel eine Bewegung. Zwei kleine Ohren überragen das Gras und kommen langsam in meine Richtung. Es ist ein Wolfswelpe bei einem seiner Ausflüge. Seine Geschwister spielen in einiger Entfernung. Aufmerksam lauscht der Kleine den Geräuschen des Waldes und untersucht die Insekten auf den blühenden Heidesträuchern. Dabei kommt er bis auf wenige Meter an mich heran. Ich wage kaum den Auslöser der Kamera zu drücken, um ihn nicht zu verscheuchen, doch er scheint mich nicht wahrzunehmen. Schließlich taucht auf der Sandfläche ein Jährling auf, ein älteres Jungtier aus dem vorigen Jahr. Sofort flitzen alle Welpen zu ihm herüber und begrüßen ihn stürmisch. Wölfe sind eben echte Familientiere.

Dass solche Beobachtungen heute wieder mitten in Deutschland möglich sind, hätten Naturschützer lange nicht zu hoffen gewagt. Wölfe wurden als Viehdiebe und Jagdkonkurrenten verfolgt und systematisch ausgerottet, rund 150 Jahre lang waren sie aus Deutschland verschwunden. Später wanderten sie aus Polen in Richtung Westen und siedelten sich zunächst in der Lausitz in Sachsen an. Im Jahr 2000 wurde Nachwuchs geboren – das erste Wolfsrudel lebte wieder in Deutschland. Seitdem steigen die Bestände der Tiere und sie erobern ihre alte Heimat zurück.

NEUE RUHERÄUME FÜR DIE NATUR

Bei der Rückkehr der Raubtiere haben Wälder eine zentrale Rolle gespielt. Sie müssen keineswegs wild und ursprünglich sein, denn Wölfe brauchen keine Wildnis – nur große, ruhige Gebiete, in die sie sich zurückziehen können und wo sie genug Nahrung finden. Wölfe können auch Monokulturen oder Tagebauflächen nutzen, wenn das Revier insgesamt ihren Ansprüchen genügt.

Das Scharbockskraut ◁ ist ein Frühblüher. Es gedeiht auf dem Waldboden, bevor die austreibenden Blätter der Bäume das Kronendach schließen und das Licht fernhalten. Die Türkenbundlilie ▷ wächst auch an schattigen Standorten und blüht zwischen Juni und August.

Rund ein Drittel Deutschlands ist von Wald bedeckt. Im Osten gibt es einige ausgedehnte Waldgebiete, weniger große Verkehrswege und eine geringere Bevölkerungsdichte als im Westen. Der vermeintlich hohe Waldanteil ist jedoch trügerisch, denn unsere Wälder unterscheiden sich stark in ihrer ökologischen Qualität. Einige werden zwar nachhaltig bewirtschaftet, aber andere intensiv forstwirtschaftlich genutzt – es sind Plantagen, auf denen Holz angebaut wird. Entsprechend gering ist in solchen Forsten die Artenvielfalt.

Private Stiftungen wie die »Stiftung Naturlandschaften Brandenburg« versuchen daran etwas zu ändern. Sie kaufen gezielt Flächen auf, um sie dem Naturschutz zu widmen, wie etwa in der Lieberoser Heide oder in den Wildnisgebieten Jüterborg, Heidehof und Tangersdorf. Jahrzehntelang dienten diese Flächen als militärisches Übungsgelände, daher sind große Bereiche mit Munition kontaminiert. Die Wildtiere stören sich daran nicht, neben Wölfen fühlen sich hier auch Seeadler, Kraniche, Rothirsche und Wildschweine wohl. Für Menschen jedoch schränken Bomben und Granaten im Boden die Nutzungsmöglichkeiten ein. Die potenziellen Gefahren lassen sich nur schwer abschätzen, aber Kosten und Aufwand für die Beseitigung der Altlasten wären enorm. Daher macht die Stiftung das Beste aus der Situation und schafft Ruheräume für die Natur – es ist die Chance auf neue Wildnis.

Dies bedeutet auch, den Einfluss des Menschen so weit wie möglich zu reduzieren und natürliche Prozesse wieder zuzulassen. Anders als in Wirtschaftswäldern gibt es keine vorgegebene Entwicklung mit klarem Ziel. Wenn bei Stürmen Bäume umstürzen oder nach einem Blitzschlag ein Feuer ausbricht, sind dies in einer Wildnis keine Schäden, sondern natürliche Ereignisse. Abgestorbene Bäume werden nicht entfernt und dürfen im Wald verrotten. Das Totholz ist ein wichtiger Lebensraum für viele Insekten, die ihrerseits zur Nahrung etlicher Vogelarten gehören. So entwickeln sich auf den Stiftungsflächen die Urwälder von morgen.

WERTVOLLE BUCHENWÄLDER

Andere Schutzgebiete in Deutschland haben zum Ziel, die Reste ursprünglicher Wälder zu erhalten, die einst wesentlich ausgedehnter waren. Besondere Bedeutung kommt dabei den Buchenwäldern zu, weil sie von Natur aus die zentralen Regionen Europas bedecken würden, inzwischen aber sehr selten sind. Der Nationalpark Kellerwald-Edersee in Hessen schützt solche Buchenwälder. Im Osten Deutschlands finden sich noch Restbestände im Nationalpark Hainich in Thüringen, im Nationalpark Jasmund auf Rügen, im Serrahner Teil des Müritz-Nationalparks in Mecklenburg-Vorpommern sowie im Grumsiner Wald, einem Teilgebiet des Biosphärenreservats Schorfheide-Chorin in Brandenburg. Sie alle gehören zum UNESCO-Welterbe.

Neben seinen wertvollen Buchenwäldern hat der Nationalpark Hainich noch eine besondere Attraktion zu bieten: Jedes Frühjahr bedeckt ein Meer aus weißen Blüten über Quadratkilometer den Waldboden. Es ist blühender Bärlauch – ein Erlebnis für alle Sinne, denn diese

Pflanzenart ist mit dem Knoblauch verwandt und verströmt ein entsprechendes Aroma. Viele andere Frühblüher gedeihen ebenfalls in dem Buchenwald.

Auch der Hainich war über Jahrzehnte militärisches Sperrgebiet. Große Teile des Waldes wurden daher kaum betreten und nicht forstwirtschaftlich genutzt, sodass sich das Gebiet weitgehend ungestört entwickeln konnte. Viele umgestürzte Bäume verleihen dem Wald seinen wilden Charakter. In den zahlreichen Verstecken ziehen Wildkatzen ihre Jungen auf, Spechte zimmern ihre Höhlen ins morsche Holz. Die vielen Insekten und Unterschlüpfe bieten fünfzehn Fledermausarten gute Lebensbedingungen. Der Wolf kam bisher nur zu Besuch und hat sich noch nicht permanent angesiedelt. Nicht weit entfernt lebt jedoch das Rudel von Ohrdruf, es besteht daher die Möglichkeit, dass sich Jungtiere auf der Suche nach einem eigenen Revier bald im Hainich niederlassen. Durch intensives Monitoring und Studien an Wölfen, die mit einem Sender ausgestattet wurden, ist bekannt, wie weit sie umherstreifen und welche Lebensräume sie bevorzugen. Ihre durchschnittliche Reviergröße beträgt bei uns rund 200 Quadratkilometer. Nach Angaben des Bundesamtes für Naturschutz wären in Deutschland theoretisch Lebensräume für etwa 700 bis 1400 Wolfsrudel vorhanden. Die Tiere können sich also erfolgreich ausbreiten, weil die Kapazitäten dies zulassen. Neben den freien Territorien finden sie in vielen Gegenden auch eine hohe Dichte an Wildtieren als mögliche Beute. Daher ist damit zu rechnen, dass einige Wälder im Osten zukünftig noch uriger werden – weil sie sich ohne menschliche Eingriffe entfalten dürfen und bald weitere Bewohner beherbergen werden.

Jedes Frühjahr, irgendwann zwischen April und Mai, bedeckt ein Teppich aus blühendem Bärlauch den Waldboden im Nationalpark Hainich in Thüringen ◁. Die Pflanze ist mit Knoblauch verwandt und verströmt einen entsprechenden Duft, der dem Wald zusätzlich eine besondere Stimmung verleiht. Der Blütenstand des Bärlauchs △ setzt sich aus vielen einzelnen Blüten zusammen.

Viele natürliche Wälder mussten Holzplantagen weichen, die für intensive Forstwirtschaft optimiert wurden. Dort wachsen gleichaltrige Bäume derselben Art dicht an dicht. Solche Forste bieten im Gegensatz zu natürlichen Wäldern nur wenigen Tier- und Pflanzenarten einen Lebensraum. Durch Waldumbau sollen regional wieder möglichst naturnahe Wälder entstehen. Ein Prozess, der lange dauern wird.

Im Müritz-Nationalpark ist eine alte Eiche umgestürzt und wird sich irgendwann zersetzen. Früher fand auch im Bereich des heutigen Schutzgebietes eine forstwirtschaftliche Nutzung statt. Inzwischen bleibt der Wald sich selbst überlassen und soll im Laufe der Zeit wieder wild und ursprünglich werden.

DIE AUFFÄLLIGE ZEICHNUNG IM GESICHT MACHT DEN DACHS UNVERWECHSELBAR. ALS »GRIMBART« TAUCHT ER IN MÄRCHEN UND FABELN AUF UND GILT ALS RUHIG UND NACHDENKLICH.

Dachse sind mehr Sammler als Jäger. Gemächlich trotten sie durch den Wald und suchen nach allen möglichen Kleintieren wie Würmern oder Insekten, aber auch nach Früchten oder Knollen. Sie sind Allesfresser und erinnern mit ihrer Lebensweise und Gestalt eher an einen kleinen Bären als an einen Marder. Mit ihren kräftigen Pfoten graben Dachse große Bauten, die oft über viele Generationen genutzt und dabei immer weiter ausgebaut werden. Besonders gern besiedeln Dachse abwechslungsreiche Laubwälder.

Im Frühling und Sommer wird der Wald zur Kinderstube unzähliger Tiere. Vögel wie etwa Rotkehlchen △ sind ständig damit beschäftigt, Nahrung für den immer hungrigen Nachwuchs heranzuschaffen. Auch Wolfswelpen ◁ sind noch lange auf die Versorgung durch die älteren Rudelmitglieder angewiesen. Mit zunehmendem Alter gehen sie jedoch bereits allein oder mit ihren Geschwistern auf Entdeckungstour im Wald.

Die Lieberoser Heide in Brandenburg ist Teil eines ehemaligen militärischen Übungsplatzes, auf dem sich die Natur inzwischen völlig frei entwickeln darf. Hier entsteht neue Wildnis. Auch Wölfe leben in dem Gebiet. ▽▽

Wenn die Wolfswelpen zu groß für die Höhle sind, aber noch zu klein für die Jagd, verbringen sie viel Zeit an sogenannten Rendez-vous-Plätzen – das sind die Treffpunkte der Wölfe. Die Welpen spielen dort und warten darauf, dass ein älteres Rudelmitglied mit Futter vorbeikommt. Dieser große Wolf ▷ hatte jedoch nichts zu bieten und wollte nur nach dem Rechten sehen. Trotzdem bettelte der Welpe aufdringlich weiter. Schließlich wies der Große den Kleinen mit entblößten Zähnen zurecht und flüchtete vor dem Plagegeist.

Ein Wolfsrudel ist eine Wolfsfamilie. Sie besteht in der Regel aus dem Elternpaar und seinem Nachwuchs der letzten ein bis zwei Jahre. Jungtiere im zweiten Lebensjahr nennt man Jährlinge. Manche von ihnen bleiben noch eine Zeit lang im Rudel, helfen bei der Aufzucht ihrer jüngeren Geschwister und passen als Babysitter auf sie auf – so wie dieser größere Wolf ▷. Dadurch haben die alten Wölfe mehr Zeit, um sich auszuruhen oder zu jagen.

Rehe machen mehr als 50 Prozent im Nahrungsspektrum der heimischen Wölfe aus. Auf den gesamten Rehbestand hat das nur wenig Einfluss. Menschliche Jäger schießen in Deutschland etwa 1,2 Millionen Rehe pro Jahr.

Eichhörnchen halten eine Winterruhe. Um die kalte Jahreszeit zu überstehen, vergraben sie im Herbst Vorräte wie Nüsse und verschiedene Samen. Da sie nicht alle wiederfinden, keimen diese oft im Frühjahr. So tragen Eichhörnchen auch zur Verjüngung des Waldes bei.

Noch zu DDR-Zeiten war es gängige Praxis, Wölfe abzuschießen, die aus dem Osten eingewandert waren. Erst seit der Wiedervereinigung 1990 steht der Wolf in ganz Deutschland unter strengem Schutz – es war die Grundlage für die erfolgreiche Rückkehr der Wölfe. Seeadler △ waren schon vorher geschützt.

Waldbrände können vom Menschen verursacht werden und gelegentlich auch auf natürlichem Weg wie Blitzschlag entstehen. Nur selten verbrennen die Bäume dabei komplett. Oft stürzen sie erst später als Folge des Feuers, und es entstehen neue Lichtungen.

Wenn Feuer nicht zu lange brennen, kann sich der Wald meist relativ schnell erholen. Asche aus verbranntem Holz enthält viele Mineralstoffe und ist ein guter Dünger. In diesem Birkenbestand in Brandenburg sprießt schon bald nach einem Waldbrand wieder frisches Grün.

Selbst einzelne Baumveteranen, wie diese mehr als zweihundert Jahre alte Eiche im Müritz-Nationalpark, können für einen Wald sehr wichtig sein. In den Höhlen ziehen Vögel wie Star, Spechte oder Waldkauz ihre Jungen auf, aber auch Fledermäuse und Marder finden dort Unterschlupf. ▽▽

DIE RÜCKKEHR DER RIESENHIRSCHE

EIN ELCH AUF ABWEGEN

Seit mehreren Jahren tauchen immer wieder Elche in Deutschland auf. Einige Nachweise stammen aus der Grenzregion von Bayern und Böhmen, die meisten jedoch aus dem Nordosten Deutschlands. Vor allem in Brandenburg, Sachsen und Mecklenburg-Vorpommern wurden Elche gesichtet, die aus Polen eingewandert waren. Dieser junge Elchbulle ▷ fiel besonders auf, weil er viel Zeit auf einer Weide mit Kühen in Brandenburg verbrachte. Offenbar war der große Hirsch auf der Suche nach Gesellschaft.

Elche würden wohl die wenigsten Menschen in Deutschland vermuten – eher in Skandinavien oder Alaska. Diese größten Vertreter der Hirsche kamen zwar früher natürlicherweise im Gebiet des heutigen Deutschlands vor, durch übermäßige Jagd sind sie hier aber wahrscheinlich schon im Mittelalter ausgestorben.

Im benachbarten Polen sieht es anders aus. Dort sind die Elche nie verschwunden und werden zurzeit nicht mehr bejagt. Mittlerweile wird ihr Bestand auf rund 30 000 Tiere geschätzt. Einige von ihnen wandern westwärts und kommen bis nach Deutschland.

Besonders aufschlussreich ist der Fall eines jungen Elchbullen, der in Brandenburg im Februar 2018 mit einem GPS-Halsbandsender ausgestattet wurde. Wissenschaftler der Hochschule für nachhaltige Entwicklung Eberswalde konnten so die Bewegungen des Tieres aufzeichnen und analysieren. Seitdem durchstreifte der Elch ein Gebiet von rund 2000 Quadratkilometern in Brandenburg und Sachsen-Anhalt. Die Sommer verbrachte er im Naturpark Nuthe-Nieplitz südwestlich von Berlin. Auffällig war, dass sein Aktionsradius im Winter deutlich kleiner war als im Sommer. Siedlungen ging er stets aus dem Weg. Er hielt sich oft im Wald auf, doch immer wieder zog es ihn auf Maisfelder – ein gefundenes Fressen für den riesigen Hirsch.

Erste Beschwerden von Landwirten ließen nicht lange auf sich warten. Derzeit gibt es in Brandenburg noch keine Bestimmungen, um den Bauern durch Elche verursachte Schäden auszugleichen. Als wild lebendes Huftier unterliegt er zwar dem Jagdrecht, genießt aber ganzjährige Schonzeit. Konkrete Lösungen für eine möglichst konfliktarme Nachbarschaft sind aber in Vorbereitung, damit die Bevölkerung einwandernden Elchen mit Toleranz begegnet.

Im Herbst fiel der junge Elch wieder auf, weil er sich oft auf einer Kuhweide blicken ließ. Es war Brunftzeit, und möglichweise spielten seine Hormone verrückt. Immer wieder verfolgte er die Rinder und versuchte ihnen zu imponieren. Dass der Elch seine Zeit mit Kühen verbrachte, ist wohl ein Zeichen dafür, dass noch nicht viele seiner Artgenossen eingewandert sind. Ihre genaue Zahl ist unbekannt, es könnten vielleicht zehn bis 15 Elche in Deutschland sein. Eventuell wird der einsame Elch also noch viel Zeit mit Rindern verbringen müssen.

Schon bald, nachdem der Elch in Deutschland aufgetaucht war, konnte er mit einem GPS-Halsbandsender ausgestattet werden. Dies ermöglichte es, seine Wanderungen nachzuvollziehen und zeigte, dass er immer wieder Rinder auf einer Weide besuchte.

Das Interesse beruhte durchaus auf Gegenseitigkeit. Auch die jungen Rinder musterten den Zugewanderten aufmerksam – zumindest während seiner ausgedehnten Ruhephasen. Wenn der Elch unruhig durch die Viehherde lief, hielten die Kühe allerdings lieber etwas Abstand.

Wasser, Wälder und große Schilfflächen treffen am Rederangsee im Müritz-Nationalpark aufeinander – ein idealer Lebensraum für viele Tier- und Pflanzenarten. Auch Kraniche übernachten regelmäßig im flachen Wasser. ▽▽

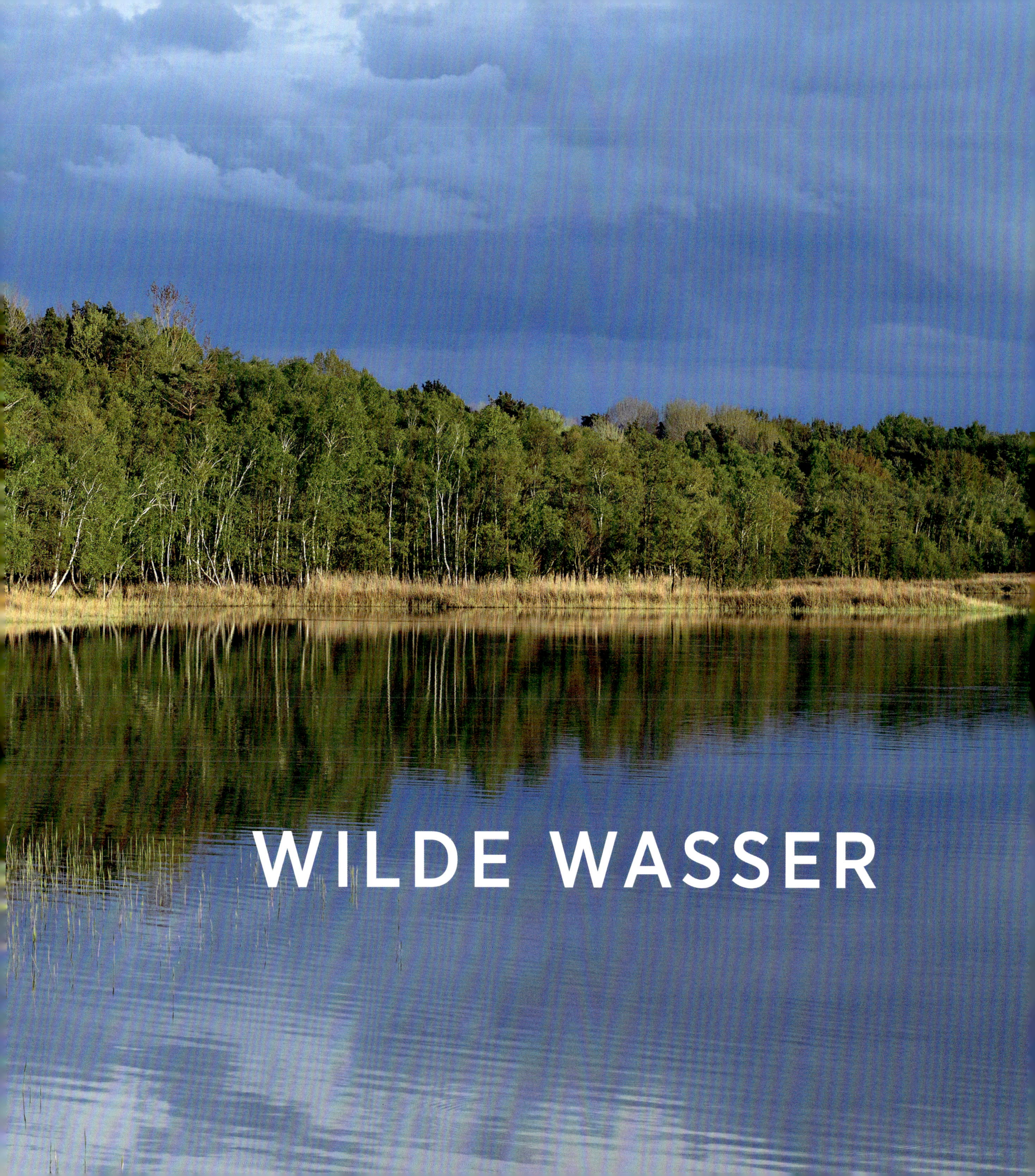

WILDE WASSER

Der Eisvogel ist ein Juwel unter den heimischen Vogelarten und durch sein exotisch anmutendes Gefieder unverwechselbar ▷. Wie ein blauer Pfeil schießt er vorbei. Noch wendiger sind Libellen wie Mosaikjungfern. ▽

AN TEICHEN, SEEN UND FLÜSSEN

Ein beachtlicher Haufen aus übereinandergeschichteten Knüppeln, mannshoch und mehrere Meter breit, türmt sich am Ufer eines Baches auf. Man möchte kaum glauben, dass dies das Werk eines Nagetiers ist: die Burg eines Bibers. Sie liegt in einer Landschaft aus Wasser und üppiger, grüner Vegetation in Sachsen-Anhalt. Mit einem Damm hat der Nager einen Bach aufgestaut und eine Wasserwildnis erschaffen. Libellen tanzen in der Luft, Frösche quaken und ein Eisvogel fliegt vorbei. Plötzlich steigen Luftblasen im Wasser vor der Burg auf. Tatsächlich erscheint der Baumeister. Für einen Moment treibt er ruhig dahin und beobachtet aus seinen dunklen Augen die Umgebung. Als er nichts Verdächtiges bemerkt, schwimmt er zielstrebig zum Ufer und wuchtet seinen massigen Körper aus dem Wasser. Biber werden im Durchschnitt 120 Zentimeter lang und 25 Kilogramm schwer. Ihre Maße erinnern eher an einen Hund als an ein Nagetier. Mit ihrem äußerst kräftigen Gebiss können sie Bäume fällen und mit ihrer Bautätigkeit ganze Landschaften gestalten. Doch heute Abend holt der Biber sich zunächst nur einen kleinen Weidenbusch, den er genüsslich im flachen Wasser verzehrt.

Inzwischen sind solche Beobachtungen wieder in vielen Regionen Deutschlands möglich. Eine große Erfolgsgeschichte, denn zum Ende des 19. Jahrhunderts waren Biber in Deutschland nahezu ausgestorben. Nur an der mittleren Elbe und ihren Zuflüssen, etwa zwischen Torgau und Magdeburg, hatte ein kleiner Restbestand von rund 200 Tieren überlebt. Der Schutz des Elbe-Bibers, einer in Deutschland heimischen Unterart, entwickelte sich zu einem Schlüsselprojekt im Naturschutz der DDR und führte schließlich zu einer langsamen Erholung der Population. Allerdings lässt sich nur schwer beziffern, wie groß der Bestand des Elbe-Bibers heute ist, weil sich in mehreren Regionen mittlerweile Mischpopulationen mit anderen Unterarten gebildet haben. Insgesamt sind Biber in Deutschland jedoch wieder weit verbreitet, ihre Zahl dürfte bei mehr als 40 000 Tieren liegen und geht sowohl auf verschiedene Wiederansiedlungen als auch auf natürliche Ausbreitung zurück.

WASSER IST LEBEN

In unserer durchstrukturierten Landschaft sind intakte Tümpel und Bäche leider selten geworden. Daher kommt einigen künstlich angelegten Gewässern eine besondere Bedeutung zu – Fischteiche haben in manchen Regionen Ostdeutschlands eine lange Tradition. In der Lausitz gibt es mehr als 1000 solcher Teiche. Einige wurden bereits vor

Die Europäische Sumpfschildkröte ▽ ist die einzige Schildkrötenart, die natürlicherweise in Deutschland vorkommt. In Brandenburg lebt noch ein sehr kleiner Restbestand. Der Fischotter ▷, einst vom Aussterben bedroht, breitet sich dagegen wieder aus.

mehr als 500 Jahren angelegt, entsprechend ursprünglich sehen sie heute aus. Die meisten Fischteiche werden heute noch bewirtschaftet, einige sind in Schutzgebiete integriert.

Neben den Fischen gedeihen hier viele Insekten, Amphibien und Reptilien wie etwa die Ringelnatter. Der große Nahrungsreichtum lockt eine artenreiche Vogelwelt an. Gänse und Enten suchen überwiegend nach pflanzlicher Kost, während Reiher und Störche verschiedensten Kleintieren nachstellen. Viele Greifvögel wie Rohrweihen, Schwarz- und Rotmilane sowie Seeadler und Fischadler ziehen am Himmel ihre Kreise.

Jenseits der Feuchtgebiete aus Menschenhand, die im Rahmen der Teichwirtschaft angelegt wurden, gibt es vor allem im nordostdeutschen Tiefland zahlreiche Seen natürlichen Ursprungs. Besonders bekannt ist die Mecklenburgische Seenplatte mit ihren mehr als 1100 Seen, die zum Ende der letzten Eiszeit entstanden sind. Adler sind die Charaktervögel der Region und lassen sich im Müritz-Nationalpark regelmäßig beobachten.

IM REICH DER ADLER

Der Fischadler ist durch sein kontrastreiches Gefieder mit der hellen Unterseite gut zu erkennen. Um Fische zu erbeuten, stürzt er sich mit hoher Geschwindigkeit ins Wasser. Dabei verschwindet der Vogel für einen Moment komplett in den Fluten und muss dann durchnässt wieder starten. Eine ebenso mühsame wie spektakuläre Jagdmethode, die sich in Deutschland kaum noch beobachten ließ. Direkte Verfolgung als vermeintlicher Fischereischädling, die Zerstörung der Lebensräume des Fischadlers und Gift in der Nahrungskette ließen die Bestände zusammenbrechen. In den 1960er-Jahren war der Fischadler im Westen Deutschlands ausgestorben, im Osten hatten noch etwa 70 Brutpaare überlebt. Strenge Schutzmaßnahmen sowie das Verbot des Insektizids DDT in Land- und Forstwirtschaft führten zu einer langsamen Erholung der Bestände. Einige der seltenen Greifvögel siedelten sich wieder im Nordwesten Deutschlands und auch in Bayern an. Inzwischen brüten wieder rund 730 Paare des Fischadlers in Deutschland, wobei der Osten des Landes noch immer den Schwerpunkt der Verbreitung bildet.

Den imposanten Seeadler ereilte ein ähnliches Schicksal. Er kann eine Spannweite von 240 Zentimetern erreichen und ist Deutschlands größte Adlerart. Mit seinen gewaltigen Klauen ist er in der Lage, Tiere bis zur Größe von Gänsen zu töten. Doch seine beeindruckende Erscheinung schützte ihn nicht davor, nur knapp der Ausrottung zu entgehen. Um 1900 hatten in Deutschland nur rund 15 Brutpaare die rigorose Verfolgung überlebt, die meisten im heutigen Mecklenburg-Vorpommern. Durch ein Ende der Bejagung, den Schutz der Lebensräume und ein späteres Verbot von DDT gelang es schließlich, den Trend umzukehren. Inzwischen brüten wieder rund 880 Seeadlerpaare in Deutschland, die meisten im Nordosten des Landes. Lokal haben die Vögel so hohe Bestandsdichten erreicht, dass sie auch außerhalb von Schutzgebieten brüten und sich weiter nach Westen und Süden ausbreiten. Eine große Erfolgsgeschichte, bei der noch kein Ende abzusehen ist.

Neben den zahlreichen Gewässern umfasst der Müritz Nationalpark auch große Wälder und ausgedehnte Schilfflächen. In solchen Lebensräumen fühlen sich Rothirsche und Wildschweine wohl. Daher überrascht es nicht, dass in vielen Feuchtgebieten auch Wölfe leben, weil sie dort ausreichend Nahrung und sichere Rückzugsmöglichkeiten finden. Kleinere Raubtiere wie Fuchs, Fischotter, Marderhund oder Waschbär sind dort ebenfalls weit verbreitet. Ein Beleg dafür, dass ihnen die Feuchtgebiete gute Lebensbedingungen bieten.

Der Nationalpark Unteres Odertal in Brandenburg ist der einzige Nationalpark Deutschlands, der eine große Flusslandschaft schützt. Sein Herzstück sind Auen und Überschwemmungsflächen, die sich auf polnischer Seite fortsetzen und dort ebenfalls geschützt sind. Im Nationalpark wurden 145 Brutvogelarten nachgewiesen, zudem zieht das Gebiet viele nordische Wintergäste wie Enten, Gänse und Singschwäne an.

Einige Tierarten waren aus dem Unteren Odertal verschwunden, wie etwa der Biber. Doch wenn sich die Natur in geschützten Gebieten frei entfalten darf, kehren viele Tiere ganz von selbst wieder zurück. Mittlerweile kommen Biber wieder häufig im Gebiet des heutigen Nationalparks vor. Und weil sie Bäume fällen, Dämme bauen und Gewässer anstauen, legen sie wertvolle Feuchtgebiete an, die wiederum vielen anderen Tieren und Pflanzen als Lebensraum dienen. Biber sind daher hervorragende Partner im Naturschutz. Sie helfen dabei, die wilden Wasser noch etwas wilder zu machen.

Der stattliche Seeadler ist Deutschlands größte Adlerart. Er jagt unter anderem Wasservögel und Fische, ernährt sich aber auch von Aas. Nachdem er unmittelbar vor dem Aussterben stand, haben sich seine Bestände erstaunlich gut erholt und sind weiterhin im Aufwind.

Der Nationalpark Unteres Odertal ist Deutschlands einziger Auennationalpark. Mit seinen vielen alten Flussarmen und großen Überflutungsflächen bietet das Gebiet hervorragende Bedingungen für Wasservögel, die dort brüten, rasten oder überwintern.

Singschwäne sind selbstständig nach Deutschland eingewandert. Die erste Brut im Spreewald konnte 1990 nachgewiesen werden, seitdem ist der Bestand im Osten Deutschlands auf rund 70 Paare gestiegen. Im Nationalpark Unteres Odertal überwintern auch regelmäßig Singschwäne aus Nordeuropa.

Der Fischadler war aus Deutschland schon fast verschwunden, in den letzten Jahrzehnten haben sich seine Bestände allerdings deutlich erholt und breiten sich weiter aus. Oft nutzen Fischadler Strommasten zum Brüten, inzwischen gibt es auch wieder natürliche Brutplätze auf Bäumen, von denen manche sogar von Wanderwegen aus einsehbar sind.

KRANICHE GELTEN IN VIELEN KULTUREN ALS VÖGEL DES GLÜCKS. UNTER ANDEREM, WEIL MIT DEM EINTREFFEN DER VÖGEL IM FRÜHJAHR AUCH DIE WÄRME ZURÜCKKEHRT UND WIEDER BESSERE ZEITEN NACH DEM LANGEN WINTER ANBRECHEN.

Beim Fliegen trompeten Kraniche oft lautstark. Diese charakteristischen Rufe sind wieder häufiger zu hören, denn der Bestand der einst stark bedrohten Kraniche hat sich erholt und nimmt weiterhin zu. Inzwischen brüten rund 11 000 Paare in Deutschland, wobei im Nordosten des Landes der Schwerpunkt der Verbreitung liegt.

Der Laubfrosch ruft nicht nur zur Paarungszeit im Frühjahr, sondern auch im Sommer und Herbst. Häufig ertönen seine charakteristischen Rufe aus Büschen und Bäumen, die der Laubfrosch mühelos erklimmt.

Die Ringelnatter ist eine ungiftige Schlangenart, die gerne in der Nähe von Gewässern lebt und in manchen Regionen Ostdeutschlands noch häufig vorkommt. Sie jagt gerne Amphibien, daher muss sich auch der Laubfrosch vor ihr in Acht nehmen.

Wildschweine kommen in vielen Lebensräumen vor, doch sie haben eine Vorliebe für sumpfiges Gelände, wie sie es etwa in der sächsischen Lausitz finden ◁. Sie suchen nach frischen Trieben, Wurzeln und anderen Pflanzenteilen. Als Allesfresser verschmähen sie aber auch tierische Kost nicht, wenn sich die Gelegenheit bietet.

Rothirsche finden in Feuchtgebieten mit ihren ausgedehnten Schilfgürteln ideale Bedingungen. Zur Brunftzeit machen die sonst zurückgezogen lebenden Hirsche dann mit kräftigem Röhren auf sich aufmerksam, was kilometerweit zu hören ist.

Während der Brunft muss ein Hirsch einerseits Weibchen beeindrucken, andererseits Konkurrenten auf Abstand halten – eine kräftezehrende Angelegenheit, die sich über Wochen hinziehen kann. In dieser Zeit kommt der Hirsch kaum zum Fressen und kann deutlich an Gewicht verlieren.

Wie eine Feder ist der Hals des Silberreihers gespannt und schnellt blitzschnell nach vorne, wenn er ein Beutetier entdeckt – in diesem Fall nur einen kleinen Fisch. Der Silberreiher gehört zu den wenigen Vogelarten, die Deutschland in jüngerer Zeit selbstständig besiedelt haben. Ursprünglich kamen sie wahrscheinlich aus Südosteuropa, inzwischen sind auch Zuwanderer aus Polen und Litauen nachgewiesen. In Mecklenburg-Vorpommern brüten mittlerweile über 30 Paare. Darüber hinaus streifen Silberreiher auch als reine Nahrungsgäste umher, wobei sich manchmal mehrere Hundert von ihnen versammeln.

Eine Biberburg ist ein gewaltiges Bauwerk, das nie wirklich fertig ist. Häufig schaffen die Nager neue Äste heran und bauen sie ein, oder sie dichten die Burg mit Schlamm oder Pflanzenteilen ab. Der Eingang zur Burg liegt unter Wasser und ist nur tauchend zu erreichen, der Wohnkessel befindet sich oberhalb der Wasserlinie.

Biber sind reine Vegetarier. Im Sommer ernähren sie sich von verschiedenen Wasser- und Uferpflanzen sowie dem Laub junger Gehölze. Wenige Bisse genügen, um einen Ast zu durchtrennen. Dabei fressen sie nur selten an Land, sondern schleppen die Nahrung zurück ins Wasser, um sie in Ruhe zu verzehren – dort fühlen sie sich sicherer.

Mit ihren kräftigen Nagezähnen können Biber große Holzspäne aus Bäumen herausbeißen und sie auf diesem Weg fällen. Dabei fressen die Nager das Laub und die Rinde der Bäume, die Äste verwenden sie, um die Burg zu errichten und Dämme zur Regulation des Wasserstandes anzulegen. Mit diesen außergewöhnlichen Eigenschaften können Biber ganze Landschaften umgestalten.

Wölfe jagen keineswegs immer im Rudel, und sie planen nicht jede Jagd akribisch. Manchmal reagieren sie ganz spontan auf eine Situation, die sich gerade bietet. Dieser Wolf durchstreifte allein ein Teichgebiet in der Lausitz, als er zufällig auf eine Gruppe von Rothirschkühen und -kälbern traf, die im lockeren Verband das Wasser durchquerten. Sofort entschied er sich zum Angriff ...

... Die verdutzten Hirschkühe und ihre Jungen brauchten einen kurzen Moment, um die Gefahr zu realisieren, rannten dann aber in unterschiedliche Richtungen davon. Der Wolf versuchte sein Glück und verfolgte ein Tier etwa 250 Meter weit, konnte im Wasser aber nicht aufholen und brach die Jagd schließlich ab. Ein einzelner Wolf kann problemlos ein Hirschkalb überwältigen, an die starken Alttiere wagen sie sich aber meist nur im Rudel.

Graugänse übernachten auf dem Wasser, damit sie vor Füchsen und anderen Landraubtieren sicher sind. Dieser Trupp brach an einem ruhigen Herbstmorgen auf, um in der Umgebung nach Nahrung zu suchen. Da kein Wind die Wasseroberfläche bewegte, entstand eine Spiegelung, die ihre Anzahl auf geheimnisvolle Weise zu verdoppeln schien. ▽▽

REPTILIEN

VIELSEITIGE ÜBERLEBENSKÜNSTLER

Die Schling-oder Glattnatter ▷ besiedelt gerne trockene Waldränder, Heideflächen, Gemäuer oder Bahndämme und lebt sehr versteckt. Aufgrund ihrer Zeichnung wird sie immer wieder mit der Kreuzotter verwechselt, sie ist jedoch ungiftig. Die Natter macht Jagd auf andere Reptilien wie die Zauneidechse ◁, die sie durch Umschlingen tötet – daher der Name Schlingnatter.

Reptilien, auch Kriechtiere genannt, sind wechselwarm. Ihre Körpertemperatur ist von der Temperatur ihrer Umgebung abhängig. Das ist durchaus von Vorteil, denn sie verbrauchen nur wenig Energie. Ein kleines Säugetier muss viel Zeit mit der Nahrungssuche verbringen, schon um seine Körpertemperatur aufrechtzuerhalten. Dagegen können sich Reptilien einfach in die Sonne legen und sparen auf diesem Weg Energie.

Im Osten Deutschlands leben neun verschiedene Reptilienarten. In unseren Breiten halten die Tiere eine Winterstarre, um die kalte Jahreszeit zu überdauern. Anders als die meisten Reptilien sind Kreuzotter, Schlingnatter, Blindschleiche und Waldeidechse lebend gebärend. Ihre Embryonen entwickeln sich im mütterlichen Körper und kommen voll ausgebildet zur Welt. Sie sind dabei nur von einer dünnen, kalkfreien Eihaut umgeben, die sie schnell zerreißen. In kalten Regionen ist es schwierig, Eiablageplätze zu finden, die warm genug sind, um die Entwicklung der Jungen zu gewährleisten. Wenn die Weibchen den Nachwuchs aber immer mit sich an die sonnigsten Stellen tragen, kühlt er nicht übermäßig aus. So können die lebend gebärenden Arten Europa bis in den hohen Norden besiedeln. Die Ringelnatter und die Zauneidechse legen dagegen Eier, wie es für Reptilien typisch ist. Alle diese Arten sind im Osten Deutschlands noch relativ weit verbreitet, fehlen aber regional.

Daneben gibt es auch wärmeliebende Arten, deren Verbreitungsschwerpunkt im südlichen Europa liegt, und die nur lokal im Osten Deutschlands leben. Ein ehemaliges Vorkommen der Würfelnatter im sächsischen Elbtal bei Meißen wurde um die Jahrtausendwende durch ein Ansiedlungsprojekt wiederbelebt. Der Bestand blieb lange äußerst niedrig, scheint sich nun aber langsam zu erholen.

Ebenfalls kritisch ist die Situation der Europäischen Sumpfschildkröte. Sie ist die einzige Schildkrötenart, die natürlicherweise in Deutschland lebt. Kleine Reliktvorkommen einer einst weiteren Verbreitung existieren heute noch in Brandenburg, in Mecklenburg-Vorpommern läuft ein Wiederansiedlungsprogramm. Ebenfalls in Brandenburg leben Restbestände der Östlichen Smaragdeidechse. Sie haben von Pflegemaßnahmen in ihren Lebensräumen sowie von für sie recht günstigen Witterungsbedingungen in den letzten Jahren profitiert, sodass ihre Zukunft wieder etwas besser aussieht.

Waldeidechsen haben ein sehr großes Verbreitungsgebiet, das bis nach Nordnorwegen reicht. Gegenüber Kälte und Feuchtigkeit zeigen sie große Toleranz. In Deutschland besiedeln sie gerne lichte Wälder und Moore und kommen oft in den denselben Lebensräumen wie die Kreuzotter vor.

Die Kreuzotter ist die einzige Giftschlange, die im Osten Deutschlands lebt. Ihr Gift ist für gesunde Erwachsene jedoch nicht besonders gefährlich. Sie erträgt niedrige Temperaturen erstaunlich gut, besiedelt insgesamt ein sehr großes Areal und kommt sogar jenseits des nördlichen Polarkreises vor.

Im Südosten Sachsens liegt die Sächsische Schweiz, Sachsens einziger Nationalpark. Wenn das Wetter umschlägt und dichte Wolken durch die Täler ziehen, wirkt die Felslandschaft besonders wild. ▽▽

WILDE BERGE

In der zerklüfteten Landschaft der Sächsischen Schweiz gibt es zahlreiche unzugängliche Felsnischen. Es sind wichtige Brutplätze für viele Vogelarten wie etwa den seltenen Uhu ▽.

SCHROFFE FELSEN UND SANFTE TÄLER

Es ist noch kühl und dunkel, als ich durch den Wald im Nationalpark Sächsische Schweiz wandere. Frühmorgens möchte ich die Aussicht in diesem außergewöhnlichen Mittelgebirge genießen und fotografieren. Viele Wetterwechsel habe ich hier miterlebt, doch heute soll es trocken bleiben. Blätter vom letzten Herbst und kleine Zweige knirschen unter meinen Wanderschuhen. Ein Kolkrabe krächzt, während er das vor mir liegende Tal überfliegt. Schließlich erreiche ich einen Punkt, von dem ich über die wilde Landschaft schauen kann. Die aufgehende Sonne gibt den Blick frei. Anders als an den Tagen zuvor ist die Fernsicht heute gut. Tafelberge, die an den Südwesten der USA erinnern, erstrecken sich am Horizont. Eine zerklüftete Felslandschaft mit bizarren Türmen liegt vor mir. Einige unverwüstliche Kiefern klammern sich mit ihren Wurzeln ans Gestein. Turmfalken kreuzen laut rufend zwischen den Felsen. Sie leben in einer spektakulären Landschaft, die in Deutschland ihresgleichen sucht.

Die Sächsische Schweiz liegt im Südosten Sachsens und gehört zum Elbsandsteingebirge. Eine Fläche von 93,5 Quadratkilometern ist als Nationalpark geschützt. Auf tschechischer Seite setzt sich das Gebirge fort und steht dort in Teilen als Nationalpark Böhmische Schweiz ebenfalls unter Schutz, wodurch ein größerer Naturraum grenzüberschreitend bewahrt werden kann.

Beim Gestein handelt es sich um die Überreste eines Meeres, welches das Gebiet vor rund 180 Millionen Jahren bedeckte. Die Sedimente wurden durch hohen Druck zu Sandstein verdichtet. Dieser ist jedoch nicht besonders stabil und verwittert durch die Einflüsse von Wind, Wasser und Frost schnell. Im Laufe der Zeit sind daher bizarre Erosionsformen entstanden, die für die Sächsische Schweiz heute so charakteristisch sind.

LEBENSRAUM FÜR SELTENE VÖGEL

Die unzugänglichen Felsnischen sind begehrte Brutplätze für viele Vogelarten. Neben den häufig zu beobachtenden Turmfalken kommen hier mittlerweile auch ihre seltenen Verwandten, die Wanderfalken, wieder vor. In den 1970er-Jahren waren Wanderfalken aus der Sächsischen Schweiz verschwunden, doch ein Wiederansiedlungsprogramm brachte sie zurück. Inzwischen brüten im gesamten Elbsandsteingebirge wieder knapp 30 Paare. Auch der seltene Uhu, die mächtigste europäische Eule, wurde in der Sächsischen Schweiz vor über hundert Jahren ausgerottet, kehrte jedoch selbstständig wieder zurück. Sogar

Pilze ernähren sich, indem sie organisches Material zersetzen. Einer der bekanntesten Vertreter ist der giftige Fliegenpilz ◁. Die Fraßspuren von Borkenkäfer-Larven unter der Rinde einer Fichte zeigen, dass der Baum geschwächt und von Insekten befallen ist. ▷

der zurückgezogen lebende Schwarzstorch nutzt die Felslandschaft, um in abgelegenen Bereichen seinen Horst anzulegen. Gelegentlich brütet er hier auch auf Bäumen, was typischer für die Art ist. Rund zehn Paare leben im ganzen Elbsandsteingebirge.

Westlich der Sächsischen Schweiz erstreckt sich das Erzgebirge entlang der deutsch-tschechischen Grenze, wobei ein großer Teil davon auf böhmischer Seite liegt. Wie der Name vermuten lässt, ist die Region reich an Mineralien. Sie wurden über Jahrhunderte abgebaut und waren für das Erzgebirge ein wichtiger Wirtschaftsfaktor.

Insgesamt ist der Osten Deutschlands stark durch nacheiszeitliche Moränenlandschaften geprägt und daher überwiegend flach – Mittelgebirge gibt es kaum. Eine Ausnahme bildet der Harz, der sich von Sachsen-Anhalt nach Niedersachsen ausdehnt. Eine Fläche von 247 Quadratkilometern steht als Nationalpark unter Schutz. Die höchste Erhebung ist der 1141 Meter hohe Brocken in Sachsen-Anhalt, der auch Blocksberg genannt wird. Der Sage nach sollen sich hier jeweils am 30. April zur Walpurgisnacht viele Hexen versammelt und getanzt haben. Auch Johann Wolfgang von Goethe besuchte den Brocken mehrfach und verewigte den Ort literarisch in seinem Werk »Faust«.

Der Grund, warum der höchste Berg des Harzes mehrfach Mythologie und Literatur beeinflusst hat, mag an den extremen Wetterverhältnissen liegen. Durchschnittlich 300 Tage im Jahr ist der Gipfel in Nebel gehüllt, in dem manche Besucher geisterhafte Wesen zu entdecken glauben. Stürmische Winde biegen die Fichten an den Berghängen, es gibt starke Temperaturschwankungen. Im Winter fallen meist große Mengen Schnee, deren Reste manchmal noch im Mai zu finden sind.

EINE HEIMAT FÜR DEN LUCHS

Die rauen Bedingungen sind für den Luchs kein Problem. Einst war er in Mitteleuropa weit verbreitet, doch die Menschen verfolgten ihn als Jagdkonkurrenten und vermeintlichen Räuber von Nutztieren gnadenlos. Vor rund 200 Jahren wurde der letzte wild lebende Luchs im Harz geschossen, sein Lebensraum blieb jedoch erhalten. Im Jahr 2000 startete daher nach langer Vorbereitung ein Wiederansiedlungsprojekt, bei dem innerhalb der nächsten sechs Jahre insgesamt 24 Luchse freigelassen wurden. Bei allen Tieren handelte es sich nicht um Wildfänge, sondern um Gehegenachzuchten verschiedener europäischer Wildparks – ein großes Experiment. Vor ihrer Freilassung konnten sich die Luchse in einem weitläufigen Gehege an ihre neue Heimat gewöhnen, doch wie sie mit einem Leben in Freiheit zurechtkommen würden, war völlig unklar. Aber schon 2002 konnten die ersten jungen Luchse in freier Natur nachgewiesen werden – ein riesiger Erfolg. Seitdem gab es jedes Jahr weiteren Nachwuchs.

Luchse leben als Einzelgänger und brauchen viel Platz. Im Harz sind ihre Streifgebiete meist mehr als 100 Quadratkilometer groß. Während der nächsten Jahre eroberten die Tiere ihre alte Heimat zurück und breiteten sich langsam weiter aus. Inzwischen haben Luchse Reviere in Niedersachsen, Hessen, Sachsen-Anhalt und Thüringen besiedelt. Be-

sonders gern nutzen sie große, zusammenhängende Waldgebiete, denn dort finden sie Deckung und Nahrung. Das Reh ist für sie das wichtigste Beutetier und macht etwa 50 Prozent ihres Nahrungsspektrums aus.

WILDNIS IM WANDEL

Doch nicht nur ehemalige Bewohner kehren in den Harz zurück, auch sein Landschaftsbild verändert sich. Einst haben Menschen im großen Stil Monokulturen aus gleichaltrigen Fichten gepflanzt. Wenn die Bäume durch Wetterextreme wie lange Trockenperioden geschwächt sind oder durch Stürme fallen, finden Borkenkäfer ideale Bedingungen vor und vermehren sich extrem. Ganze Waldflächen werden dann von den Insekten befallen und sterben ab. Ein Anblick, an den sich viele Menschen erst gewöhnen müssen. Doch der sterbende Forst ist nur ein Übergangsstadium.

Die Idee eines Nationalparks ist es, die Einflüsse des Menschen so weit wie möglich zurückzunehmen und der Natur freien Lauf zu lassen. Rund 70 Prozent der Waldfläche im Nationalpark Harz bleiben bereits sich selbst überlassen. Dort, wo die befallenen Bäume sterben, setzt bald eine Naturverjüngung ein. In den tiefen und mittleren Lagen entsteht im Laufe der Jahre erneut ein natürlicher Laubwald, wie er für die Region typisch ist. In den höheren Lagen wachsen auch wieder Fichten nach, weil sie dem rauen Klima trotzen können.

Ganz andere Eindrücke vermitteln die ursprünglichen Bachtäler im Harz. Das Ilsetal mit seinen moosbewachsenen Felsen und entwurzelten Bäumen wirkt besonders wild. Auch der Maler Caspar David Friedrich ließ sich vom Harz inspirieren. Landschaften gehörten zu den bevorzugten Motiven dieses Meisters der deutschen Romantik. Und so verewigte er sowohl den Harz als auch die Sächsische Schweiz in seinen Gemälden. Schon vor rund 200 Jahren malte Friedrich diese Landschaften, um ihre Schönheit für die Nachwelt zu erhalten. Damit war er seiner Zeit voraus. Heute sind dieselben Gebiete als Nationalparks geschützt. Die wilden Berge sollen sich weiterhin frei entwickeln können und für kommende Generationen erhalten werden.

Die Sächsische Schweiz bietet immer wieder spektakuläre Ausblicke, wie man sie in Deutschland kaum erwarten würde. In der schroffen Landschaft leben viele Tiere wie etwa Turmfalken △. Häufig brüten sie auf Gebäuden, doch hier finden sie natürliche Brutplätze. ▷

Die Basteibrücke ist die berühmteste Sehenswürdigkeit der Sächsischen Schweiz. Früher befand sich an derselben Stelle eine Brücke aus Holz – sie wurde 1851 durch das steinerne Bauwerk ersetzt, das bis heute existiert. ▽▽

Der seltene Schwarzstorch ist in Aussehen und Lebensweise das Gegenteil von seinem bekannten Vetter, dem Weißstorch. Er meidet Siedlungen und lebt in großen, möglichst reich strukturierten Wäldern bis in die Mittelgebirge. Einst stand der Schwarzstorch kurz vor dem Aussterben, inzwischen brüten in Deutschland wieder rund 800 bis 900 Paare. Im Osten ist er unter anderem im Harz und im Elbsandsteingebirge zu finden.

Die Wasseramsel ist ein hochspezialisierter Singvogel mit außergewöhnlichen Fähigkeiten: Sie kann tauchen. An klaren, schnell fließenden Gewässern stellt sie Insekten und anderen Kleintieren nach, die sie zum Teil unter Wasser erbeutet.

Das Tal der Ilse zählt zu den schönsten im Harz. Sie entspringt nahe des Brockens und ist nur gut 40 Kilometer lang. Der wilde Bachlauf mit seinen zahlreichen Felsen ist ein idealer Lebensraum für die Wasseramsel.

Das Tal der Bode gilt als spektakulärste Schlucht im Harz. In Höhe der Rosstrappe hat sich der Fluss besonders tief in den Felsen geschnitten. ▷ In solchen feuchten Tälern lebt auch der Feuersalamander. Diese auffällige Amphibienart ist in vielen Teilen ihres Verbreitungsgebietes selten geworden. △

Mit einer Höhe von 1141 Metern ist der Brocken der höchste Gipfel im Harz. Das Klima ist rau und stürmisch, an vielen Tagen im Jahr ist die Sicht durch Nebel verschleiert. Oft hält sich der Schnee bis ins späte Frühjahr. ◁ Nur wenige Tierarten fühlen sich hier oben wohl – wie etwa der Kolkrabe. △

Der Schwarzspecht △ ist der größte Vertreter der heimischen Spechte. Er ist ständig unterwegs und sucht unter Baumrinde und in morschem Holz nach Insekten und ihren Larven.
Der junge Rotfuchs ◁ hat es bequemer – er wird von der Mutter mit Nahrung versorgt.

Bisher haben sich Wölfe noch nicht dauerhaft im Harz oder in der Sächsischen Schweiz niedergelassen, sie streifen jedoch gelegentlich durch die Gegend. An Nahrung würde es zumindest nicht mangeln. Mögliche Beutetiere wie Rehe oder Rothirsche △ sind reichlich vorhanden.

Von den Zeterklippen aus bietet sich ein weiter Blick über die Hanglagen des Harzes ◁. Große Fichtenbestände sind von Borkenkäfern befallen und abgestorben △. Die toten Bäume sind jedoch nicht das Ende des Waldes, sondern der Beginn einer neuen Wildnis. Es entwickelt sich ein natürlicher Wald, der schließlich artenreicher und widerstandsfähiger sein wird als der alte.

Wildbäche wie die Ilse fließen ungebändigt durchs Tal – auch das ist der Harz. Wo Baumkronen Schatten werfen und es feucht und kühl ist, gedeihen üppige Moospolster. ▽▽

RAUBTIERE AUF DEM VORMARSCH

RÜCKKEHRER UND EINWANDERER

Der Luchs ▷ gehört noch immer zu den seltensten Säugetieren Deutschlands. Trotz mehrerer Wiederansiedlungsversuche konnte die schöne Katze nur regional wieder Fuß fassen – wie etwa im Harz. Der Mink, auch Amerikanischer Nerz genannt ◁, ist eine kleine Marderart, die in Europa aus Pelztierfarmen entwichen ist und sich immer weiter ausbreitet. Er hat großen Anteil daran, dass der Europäische Nerz fast verschwunden ist.

In Deutschland breiten sich zurzeit gleich mehrere Raubtierarten wieder aus. Die prominentesten Vertreter sind sicherlich Wölfe, die aus Polen einwanderten und im Jahr 2000 die ersten Welpen zur Welt brachten (siehe Kapitel Wilde Wälder, S. 52).

Wesentlich ruhiger verläuft die Rückkehr des Luchses, der größten Raubkatze Europas. In Deutschland existieren drei voneinander isolierte Populationen im Bayerischen Wald, im Pfälzerwald und im Harz, die alle auf Wiederansiedlungen durch den Menschen zurückgehen. In allen Gebieten kommt regelmäßig Nachwuchs zur Welt, trotzdem erholen sich die Bestände nur langsam. Das größte Vorkommen liegt im Harz, wobei die meisten Luchse auf niedersächsischer Seite leben. Aber auch in Sachsen-Anhalt und im kleinen Thüringer Teil des Mittelgebirges konnten Luchse mit Jungtieren nachgewiesen werden. Ansonsten gab es im Osten Deutschlands aus Sachsen und Brandenburg vereinzelte Hinweise auf Luchse, allerdings ohne Nachwuchs.

Besser konnten sich bei uns Waschbär und Mink etablieren, die ursprünglich aus Nordamerika kommen, sowie der Marderhund, der aus Ostasien stammt. Diese kleineren Raubtiere wurden vom Menschen ausgesetzt oder entkamen aus Pelztierfarmen und breiten sich immer weiter aus. Manche Naturschützer fürchten, dass sie erhebliche negative Auswirkungen auf heimische Ökosysteme haben könnten, etwa indem sie Vogelnester oder Amphibien fressen.

Beim Goldschakal sieht es etwas anders aus. Dieser Wildhund mittlerer Größe ist eng mit dem Wolf verwandt, kommt unter anderem in Südosteuropa vor und wandert von dort Richtung Mitteleuropa. 1997 wurde in Brandenburg ein Goldschakal geschossen – es war der erste Beleg dieser Tierart in Deutschland. Seitdem gab es rund 150 Nachweise an 24 verschiedenen Orten in allen Landesteilen, wobei klar ist, dass einige Individuen mehrfach erfasst wurden. Mangels genetischer Proben lässt sich die genaue Anzahl der Tiere aber nicht ermitteln. Da der Goldschakal selbstständig ohne Unterstützung durch den Menschen nach Deutschland eingewandert ist, gilt er nicht als gebietsfremde Art wie Waschbär, Marderhund und Mink, sondern als einheimisches Wildtier, das durch Europäisches Naturschutzrecht geschützt ist. Es ist gut möglich, dass die Zahl der Goldschakale in Deutschland zunimmt, sie für Nachwuchs sorgen und sich hier irgendwann dauerhaft niederlassen.

Waschbären kommen ursprünglich aus Nordamerika und wurden 1934 in Deutschland ausgesetzt. Inzwischen wird ihr Bestand hier auf mehr als eine Million Tiere geschätzt – damit ist der Waschbär eines der häufigsten Raubtiere Deutschlands. Welche ökologischen Auswirkungen dies hat, ist umstritten.

Der Goldschakal ist ein Wildhund mittlerer Größe, kleiner als ein Wolf und größer als ein Fuchs. Er hat ein ausgedehntes Verbreitungsgebiet und kommt unter anderem auf dem Balkan vor. Von dort wandern immer wieder Goldschakale Richtung Mitteleuropa – auch bis nach Deutschland. In Österreich haben die Tiere bereits für Nachwuchs gesorgt.

Der Mensch hat die Landschaft Mitteleuropas massiv verändert, indem er großflächig Wald gerodet hat. Doch auch Wiesen, Weiden und Felder können wertvolle Lebensräume für viele Tiere und Pflanzen darstellen. ▽▽

WILDE WEITEN

Die Anzahl der Weißstörche ▷ im Osten Deutschlands ist über die letzten 30 Jahre relativ stabil geblieben. Der Bestand des seltenen Wiedehopfs ▽ nimmt seit einigen Jahren regional wieder zu, wie etwa in Brandenburg.

OFFENES LAND AUS MENSCHENHAND

Es ist ein kühler Herbstmorgen und die Kälte steckt mir in den Knochen. Am östlichen Himmel kämpft das Morgenrot langsam gegen das Dunkel der Nacht. In der Ferne erklingen charakteristische Rufe – es ist das Trompeten der Kraniche. Sie kündigen ein großes Spektakel an. Gleich werden Hunderte ihrer Artgenossen vor mir auf den Wiesen und abgeernteten Feldern eintreffen, um nach Nahrung zu suchen. Da landen schon die ersten Geschwader. Die Vögel recken ihre Hälse in die Höhe, schlagen mit den Flügeln und rufen lautstark, als wollten sie den Morgen begrüßen. Jetzt ist das Eis gebrochen. Die Kraniche am Boden wirken wie Magnete auf ihre geselligen Artgenossen in der Luft. Ihre Zahl wächst ständig und nun treffen auch Gänse und Enten ein. Die Rufe der zahllosen Vögel sorgen für eine gewaltige Geräuschkulisse.

Ich sitze in einem Versteck im Norden von Mecklenburg-Vorpommern, fotografiere die rastenden Vogelmassen und freue mich über dieses grandiose Schauspiel.

Es ist keineswegs selbstverständlich, bei uns eine Schar großer Vögel in einer offenen Landschaft zu erleben, denn die häufigste natürliche Vegetationsform Mitteleuropas ist Wald. Den haben die Menschen jedoch großflächig gerodet. Natürliche Freiflächen wie Hochmoore oder Dünen gehören zu den wenigen Ausnahmen und machen nur einen verschwindend geringen Anteil der Landesfläche aus.

Häufiger sind offene Bereiche aus Menschenhand wie Wiesen, Weiden und Felder. Sie unterscheiden sich vor allem durch die landwirtschaftliche Nutzung. Wiesen werden gemäht, um Heu zu gewinnen, Weiden dienen dem Vieh zum Grasen – beides zusammen nennt man Grünland. Werden Pflanzen angebaut, spricht man von Äckern oder Feldern. Sie stellen den höchsten Anteil an baumlosen Flächen in der Landschaft und werden oft intensiv und einseitig genutzt. Dann erstrecken sich riesige Rapsfelder und endlose Maisäcker bis zum Horizont – für artenreiche Blühstreifen bleibt meist kein Platz. Da wundert es nicht, dass viele Tiere und Pflanzen, die in offenen Landschaften leben, bei uns inzwischen selten geworden sind.

EINE HEIMAT FÜR DIE GROSSTRAPPE

Dennoch gibt es in Deutschland auch noch einige Steppenbewohner wie Feldhasen, Feldhamster oder Großtrappen – einen der schwersten flugfähigen Vögel der Welt. Diese Tierarten lebten einst in den Steppen Osteuropas und wanderten westwärts. Als die großen Wälder Mitteleuropas landwirtschaftlichen Flächen weichen mussten, entstand dort

Die Östliche Smaragdeidechse ▽ ist eine wärmeliebende Art, von der kleine Restbestände in Brandenburg überlebt haben. Wenn die Spinnennetze morgens mit Tau überzogen sind, neigt sich der Sommer dem Ende. ▷

ein Mosaik aus artenreichen Wiesen, extensiven Äckern und Brachflächen. In diesen künstlichen Steppen gediehen die Trappen prächtig. Bei der ersten großen Bestandserfassung 1939/1940 wurden für das Gebiet des heutigen Deutschlands noch etwa 4100 der beeindruckenden Vögel gezählt. Vor allem die Intensivierung der Landwirtschaft und der damit verbundene Verlust an Nahrung und Lebensräumen führte zu einem dramatischen Bestandsrückgang. Seinen Tiefpunkt erreichte er im Jahr 1997, als nur noch 57 Großtrappen in Deutschland registriert werden konnten. Inzwischen wächst ihre Zahl durch umfangreiche Schutzmaßnahmen wieder an und liegt bei rund 350 Tieren. Die bedeutendsten Refugien für die Großtrappen liegen in Brandenburg im Havelländischen Luch, in den Belziger Landschaftswiesen sowie im Fiener Bruch in Sachsen-Anhalt. Wichtige Teile dieser Wiesenlandschaften sind als Naturschutzgebiete ausgewiesen.

Ohne menschliches Zutun wären die Wiesen im Lauf der Zeit von Büschen und Bäumen bewachsen und irgendwann komplett verschwunden. Es sind Kulturlandschaften, die nur durch Pflegemaßnahmen wie Mahd oder Beweidung erhalten werden können. In manchen Naturschutzgebieten ist eine solche Pflege möglich. Dort lassen sich auch kleinräumige Besonderheiten schützen, wie etwa die Standorte seltener Orchideen.

Wenn größere Flächen und die traditionelle Nutzung in einer ganzen Kulturlandschaft erhalten werden sollen, ist das im Rahmen von Biosphärenreservaten möglich. Im Biosphärenreservat Schorfheide-Chorin etwa liegen auch weite, extensiv bewirtschaftete Wiesen und Äcker. Die großen Biosphärenreservate, die sich entlang der Elbe durch Sachsen-Anhalt, Brandenburg und Mecklenburg-Vorpommern ziehen, umfassen ebenfalls ausgedehnte Wiesenlandschaften. Sie dienen vor allem dem Hochwasserschutz, sind zugleich aber Lebensraum vieler Vogelarten.

ARTENREICHE VOGELWELT

Weißstörche schreiten hier durch die Wiesen, immer auf der Suche nach Insekten und Mäusen. Nebenan picken Goldammern nach Sämereien, während Lerchen singend in die Höhe steigen. Am Himmel ziehen oft Greifvögel wie Rotmilane ihre Kreise. Mehr als 50 Prozent des Weltbestandes von diesem schönen Vogel brüten in Deutschland. Anders sieht es beim seltenen Schreiadler aus. Nur rund 130 Paare leben in Teilen von Mecklenburg-Vorpommern und Brandenburg. Artenreiche Wiesen sind für sie äußerst wichtig, da sie häufig zu Fuß kleinen Wirbeltieren und großen Insekten nachstellen.

Von vielen Insekten profitieren auch zwei farbenfrohe Vogelarten: Der Wiedehopf mit seinem kontrastreichen Gefieder und seiner hübschen Federhaube ist eine auffällige Erscheinung. An Farbigkeit noch übertroffen wird er vom Bienenfresser, den man wegen seines Aussehens eher in den Tropen erwarten würde. Neben seiner Schönheit besticht er vor allem durch seine Eleganz und Geschicklichkeit, denn er ernährt sich von Insekten, die er im Flug erbeutet. Wiedehopf und Bienenfresser sind zwar noch immer seltene Vogelarten im Osten Deutschlands, doch ihre Bestände haben in den letzten Jahren deutlich zugenommen.

Unsere Landschaft ist zwar stark zersiedelt, doch Vögel haben einen entscheidenden Vorteil – ihre Mobilität. Sie können über ungeeignete Flachen einfach hinwegfliegen. Fernstraßen, Industriegebiete und Siedlungen stellen für sie bei Weitem kein so großes Hindernis dar wie für Tiere, die sich am Boden fortbewegen müssen. Daher sind auch kleine Wiesen, Hecken oder Feuchtbiotope wichtig, weil sie wertvolle Trittsteine für Vögel und andere Wildtiere in unserer Kulturlandschaft darstellen. Außerdem könnte die Bedeutung landwirtschaftlicher Flächen als Lebensraum erheblich zunehmen, wenn sie weniger intensiv genutzt würden.

Die Kraniche sind glücklicherweise nicht besonders wählerisch. Sie rasten gern auf abgeernteten Mais-, Getreide- oder Kartoffeläckern, wenn sie dort noch etwas zu fressen finden. Die Vögel des Glücks, wie sie auch genannt werden, haben eine wechselhafte Geschichte durchlebt. In den alten Bundesländern wurden 1972 nur noch 17 Brutpaare ermittelt, in der ehemaligen DDR waren es 1969 immerhin noch 370 Paare. Durch effektive Schutzmaßnahmen wie die Wiedervernässung von Mooren haben ihre Bestände in den letzten Jahren kontinuierlich zugenommen. Inzwischen brüten in Deutschland wieder mehr als 11 000 Paare, die meisten im Nordosten des Landes – eine große Erfolgsgeschichte! Daher stehen die Chancen gut, dass sich auch in Zukunft noch viele Menschen am Spektakel der Kraniche erfreuen können.

KRANICHE SCHÄTZEN WEITE WIESENLANDSCHAFTEN ZUM RASTEN – DORT SIND SIE MEIST UNGESTÖRT UND KÖNNEN GEFAHREN SCHON VON WEITEM ERKENNEN.

Während des Frühjahrszugs geraten die Kraniche bereits in Balzstimmung. Paare bekräftigen ihre Bindung, wobei sie die Hälse recken, die Schwingen ausbreiten und gemeinsam rufen. Gelegentlich kommt es dabei auch zu kleinen Streitigkeiten mit den Nachbarn, die mit Tritten und Schnabelhieben ausgefochten werden.

Offene Landschaften sind wichtige Jagdgründe für Greifvögel. Ein Rotmilan ◁ ist auf der Suche nach Beute, dicht gefolgt von einem Verwandten, dem Schwarzmilan. Ein Seeadler △ war schon erfolgreich und hat eine Ente geschlagen.

Blühende Rapsfelder sind zwar ein Blickfang in der Landschaft, solche Monokulturen begünstigen jedoch Schädlinge und schränken die Artenvielfalt ein. Die Baumgruppe ist daher eine wichtige Insel im monotonen Blütenmeer. ▽▽

Großtrappen sind meist zu Fuß unterwegs. Alte Hähne können in Ausnahmefällen ein Gewicht von 17 Kilogramm erreichen – damit gehören sie zu den schwersten flugfähigen Vögeln der Welt. Dennoch können sie gut und ausdauernd fliegen.

Bei der Balz versucht der Großtrappenhahn mit üppigem Federschmuck und aufgeplustertem Gefieder, eine Henne für sich zu gewinnen. Die Männchen sind deutlich größer als die Weibchen. Großtrappen sind ursprünglich Steppenbewohner, von denen bei uns ein kleiner Bestand in weiten Wiesenlandschaften überlebt hat.

Auch Wölfe nutzen gerne offene Landschaften, wenn sie sich dort sicher fühlen. Welpen verlassen oft den Wald, um auf freien Flächen herumzutollen. Manchmal genießen Wölfe auch ein Sonnenbad im Freien. Zudem eignet sich offenes Gelände gut für die Jagd. Gelegentlich fallen den Wölfen auch Feldhasen △ zum Opfer.

Der vielseitige Rotfuchs jagt auch auf Wiesen und Feldern. Dort stellt er Nagern und anderen Kleintieren nach, die er meist mit dem Gehör ortet und manchmal mit kühnen Sprüngen erbeutet. Wenn er sich ungestört fühlt, ist er auch tagsüber unterwegs.

Weißstörche jagen nicht nur in Feuchtgebieten, sondern auch in trockenem Gelände, wo sie unter anderem Mäuse erbeuten. Wenn die Gänge der Nager nach Feldarbeiten freiliegen, sind die Vögel oft besonders erfolgreich.

Auf naturnahen Wiesen ändert sich im Laufe der Saison immer wieder die Zusammensetzung der Arten, die gerade blühen. So finden Insekten wie etwa Bienen meist ausreichend Nektar. Hier dominieren Flockenblumen mit ihren violetten Blüten.

Mit ihrer Farbenpracht wirken Bienenfresser, als kämen sie aus den Tropen. Ihr europäischer Verbreitungsschwerpunkt liegt im Süden und Osten. In Deutschland am Nordrand der Verbreitung gibt es nur regionale Vorkommen, im Osten vor allem in Sachsen-Anhalt. Seit einigen Jahren wachsen ihre Bestände deutlich – sehr wahrscheinlich profitieren Bienenfresser vom Klimawandel. ▽▽

Die Goldammer △ ist eine Vogelart, die in Deutschland noch weit verbreitet ist und häufig vorkommt. Sie besiedelt gern abwechslungsreiche Kulturlandschaften mit Wiesen und Hecken. Auch das Helm-Knabenkraut ▷ ist noch häufiger als viele andere heimische Orchideenarten. Es wächst meist auf trockenen Böden, an günstigen Standorten können auch größere Bestände gedeihen. Beide Arten bevorzugen offene Landschaften.

Manche Orchideen wie das Fleischfarbene Knabenkraut wachsen gern auf Feuchtwiesen. Viele solcher Lebensräume sind verloren gegangen, weil sie für die landwirtschaftliche Nutzung entwässert wurden. Inzwischen sind alle heimischen Orchideen-Arten besonders geschützt.

Das Blasse Knabenkraut ist eine seltene Orchideenart, die in Mitteleuropa nur regional vorkommt, wie etwa in Thüringen. An diesem Standort im Nationalpark Hainich wächst die Orchidee gemeinsam mit Hahnenfuß, Vergissmeinnicht und Großer Sternmiere.

Der Schreiadler ▷ ist die seltenste Adlerart Ostdeutschlands. Nur etwa 130 Paare brüten regional in Mecklenburg-Vorpommern und Brandenburg. Die Vögel machen oft zu Fuß Jagd auf Kleintiere, daher sind sie auf artenreiche Offenlandschaften angewiesen. Im selben Lebensraum kommt auch die Bachstelze △ vor, die Insekten nachstellt.

Kraniche und Graugänse bilden manchmal während des Vogelzugs große Gemeinschaften – auch bei der Nahrungssuche. Vermutlich erhöhen viele aufmerksame Augenpaare die Sicherheit für das einzelne Tier. Da die Kraniche rufen und die Gänse schnattern, ist eine Ansammlung so vieler großer Vögel von einer ständigen Geräuschkulisse untermalt. ▽▽

MILITÄRISCHE SPERRGEBIETE

SCHUTZZONEN WIDER WILLEN

Die Reste eines explodierten Geschosses wurden von einem Baum umwachsen – nur selten sind die Zeugnisse militärischer Nutzung so deutlich zu sehen. ◁ Meist schlummern Altlasten wie Granaten und Munition irgendwo unentdeckt im Boden. Hinzu kommt der aktive Übungsbetrieb. Doch die Auswirkungen auf die Wildtiere sind gering, viele seltene Arten leben im Schutz der Sperrgebiete – wie dieser Wolf auf dem Truppenübungsplatz Altengrabow in Sachsen-Anhalt. ▷

Auf Truppenübungsplätzen wird scharf geschossen, Granaten explodieren, immer wieder lodern Brände. Man möchte kaum glauben, dass solche Flächen für Wildtiere interessant sein könnten. Doch militärische Sperrgebiete sind in Deutschland wichtige Refugien für viele bedrohte Tier- und Pflanzenarten.

Truppenübungsplätze sind meist ziemlich groß, damit Geschosse bei Gefechtsübungen nicht in Bereichen landen, wo sie nicht hingehören oder sogar Menschen gefährden. Daher gibt es dort auch keine Siedlungen. Zurzeit existieren in Deutschland 17 aktive Truppenübungsplätze, im Osten haben sie eine durchschnittliche Größe von rund 100 Quadratkilometern. Solche großen unzerschnittenen Flächen sind heute in Mitteleuropa kaum noch zu finden, das macht sie für viele Wildtiere attraktiv. Zudem findet der Übungsbetrieb meist auf ausgewiesenen Schießbahnen statt, sodass die Tiere dann in ruhigere Ecken ausweichen können.

Bei der Rückkehr der Wölfe nach Deutschland spielten militärische Sperrgebiete eine entscheidende Rolle. Der erste Wolfsnachwuchs kam im Jahr 2000 auf dem sächsischen Truppenübungsplatz Oberlausitz zur Welt, der sogar 168 Quadratkilometer groß ist. Während der Straßenverkehr und illegale Tötungen die häufigsten Todesursachen von Wölfen sind, ist über solche Verluste auf Truppenübungsplätzen bisher nichts bekannt – dort sind sie sicherer als außerhalb. Militärische Sperrgebiete stellen daher wichtige Zentren für die Ausbreitung von Wölfen dar, vor allem an den Rändern des Verbreitungsgebietes.

Aber auch Vögel wie Seeadler und Kranich, Wiedehopf und Ziegenmelker brüten im Schutz der militärischen Sperrgebiete. Ödlandschrecken und viele Schmetterlingsarten besiedeln die Heideflächen, Amphibien wie die Wechselkröte finden gute Lebensbedingungen. Auf manchen Truppenübungsplätzen bleiben Moore oder andere sensible Lebensräume dem Naturschutz vorbehalten. Ein sinnvoller Schritt, denn solche Flächen sind für den Übungsbetrieb ohnehin nicht interessant.

Neben den aktiven Truppenübungsplätzen gibt es auch einige, die heute nicht mehr militärisch genutzt werden. Dort liegen jedoch zahlreiche militärische Altlasten im Boden. Organisationen wie die »Deutsche Bundesstiftung Umwelt« oder die »Stiftung Naturlandschaften Brandenburg« widmen solche Flächen dem Naturschutz. So kann dort neue Wildnis entstehen.

Ein junger Wolf hat sich vor einem alten Panzer auf dem Truppenübungsplatz Altengrabow niedergelassen. Das Wrack dient als Ziel bei Gefechtsübungen. Aber es gibt immer wieder lange Phasen ohne Übungsbetrieb. Zudem sind die Sperrgebiete so groß, dass die Tiere selbst bei Manövern in ruhigere Ecken ausweichen können.

Auf dem Truppenübungsplatz Oberlausitz in Sachsen begann die Rückkehr der Wölfe nach Deutschland – hier wurden die ersten Welpen geboren. Bis zum Horizont erstrecken sich ausgedehnte, wildreiche Wälder. Brandschutzstreifen sollen verhindern, dass sich dort bei Manövern entstehende Feuer ausbreiten.

Wo die Natur sich frei entwickeln darf, wie in diesem Teichgebiet in der Lausitz, entstehen wertvolle Lebensräume für Pflanzen und Tiere ▷. Dazu gehört auch, dass Totholz nicht entfernt wird, sondern im Wald verrotten kann und so zur Grundlage neuen Lebens wird, wie etwa im Müritz-Nationalpark. ▽

DIE RÜCKKEHR VON NATUR UND WILDTIEREN

Ausblick

Deutschland ist eine der mächtigsten Industrienationen der Erde. Nahezu jeder Quadratmeter des Landes wurde umgegraben oder bebaut. Für wilde Natur ist kaum noch Platz zwischen Agrarflächen, Wirtschaftswäldern, Siedlungen und Fernstraßen. Doch verschiedene Initiativen und Schutzprogramme möchten daran etwas ändern.

In Deutschland gibt es Überlegungen, weitere Nationalparks und Biosphärenreservate zu etablieren oder bestehende zu vergrößern. Doch der Weg zum Ziel ist steinig und zieht sich manchmal über Jahrzehnte. Selbst wenn sich Bürgerinitiativen für Schutzgebiete aussprechen, gibt es oft Befürchtungen, die Wirtschaft könnte Schaden nehmen oder es fehlt an politischem Willen. Das Ergebnis sind meist Kompromisse. So waren das Peenetal und die Ueckermünder Heide in Mecklenburg-Vorpommern als Nationalparks im Gespräch, wurden aber schließlich Naturparks mit geringerem Schutzstatus. Dies zeigt, welche historische Chance es damals tatsächlich war, das Nationalparkprogramm der DDR umzusetzen (siehe Seite 12).

In vielen Regionen der Erde ist derzeit ein enormer Verlust an Artenvielfalt zu verzeichnen, von dem Deutschland als Industrienation besonders stark betroffen ist. Insekten verschwinden und Vögel verstummen. Doch in den großen Schutzgebieten scheint sich dieser Trend zu verlangsamen oder gar zu stoppen. Deutschland hat bereits mit dem Ausstieg aus der Kernkraft Maßstäbe gesetzt und einen eigenen Weg beschritten, der international viel Beachtung fand. Sicher kann Deutschland auch als Beispiel dafür dienen, dass Natur- und Artenschutz sogar in einem dicht besiedelten Industrieland erfolgreich sein können.

SELTENE TIERARTEN KOMMEN ZURÜCK

Die Wildtiere wissen von solchen Schwierigkeiten und Gedankenspielen nichts. Sie vermehren sich und haben längst neue Tatsachen geschaffen. Manche einst vom Aussterben bedrohte Vogelarten erholen sich und breiten sich wieder aus. In vielen Regionen Ostdeutschlands sind Kraniche auf den Feldern sowie Fisch- und Seeadler am Himmel inzwischen ein vertrauter Anblick. Fischotter erobern ihre alte Heimat langsam zurück. Biber sind wieder weit verbreitet und schaffen durch ihre Bautätigkeit neue Lebensräume für unzählige Tier- und Pflanzenarten.

Auf die Rückkehr der Wölfe nach Deutschland, die aus Polen wieder eingewandert sind, hätten selbst die optimistischen Naturschützer kaum zu hoffen gewagt. Es ist einer der größten Naturschutzerfolge der letzten Jahrzehnte und zugleich eine enorme Herausforderung,

weil sich nicht alle Menschen über die Raubtiere freuen. Ihr Bestand und ihr Verbreitungsgebiet nehmen weiterhin zu, und sie haben längst bewiesen, dass eine Koexistenz möglich ist – denn Wölfe brauchen keine Wildnis.

In den vergangenen Jahren haben noch weitere Tierarten Deutschland besiedelt – auf natürlichem Weg und ohne menschlichen Einfluss. Silberreiher, die zunächst als Nahrungsgäste wohl aus Südosteuropa herüberflogen, begannen bei uns zu brüten. Aus nördlichen Gefilden kamen Singschwäne, von denen inzwischen ebenfalls ein kleiner Brutbestand existiert. Immer wieder wandern Elche und Goldschakale nach Deutschland ein, und es ist wahrscheinlich, dass sie sich dauerhaft bei uns ansiedeln.

Manche Wunden, die der Mensch der Natur zugefügt hat, können erstaunlich schnell verheilen. Die großen Schutzgebiete, die in Deutschlands wildem Osten ausgewiesen wurden, sind lebendige Beispiele dafür. Dort werden die Lebensräume wieder ursprünglicher, die Artenvielfalt nimmt zu, bedrohte Tierarten erobern ihre alte Heimat zurück. Der Mensch muss sich nur dafür entscheiden, der Natur mehr Raum und mehr Zeit zu geben. Dann kann das wilde Leben zurückkehren – mitten in Deutschland.

In Deutschland sind viele Wildtiere wie etwa Rothirsche ▷ sehr scheu, daher musste Axel Gomille seine Arbeit gut vorbereiten. Beim Fotografieren nutzte der Zoologe oft eine Tarnung für sich und seine Ausrüstung, um nicht aufzufallen. ▽

DIE ARBEIT VOR ORT

Wie die Fotos für dieses Buch entstanden

Einen Bildband über Wildtiere in Deutschland zu machen, ist eine mühsame Angelegenheit. Zumindest, wenn man wie ich den Anspruch hat, sie ausschließlich in freier Natur zu fotografieren und nicht in Gehegen. Der Faktor Zeit spielte daher eine entscheidende Rolle. Zwar gelangen mir gelegentlich auch Glückstreffer, doch viele Motive musste ich mir schwer erarbeiten. Die meisten Bilder sind innerhalb eines Zeitraums von fünf Jahren entstanden. Dennoch bin ich dem Motto treu geblieben – alle Fotos dieses Buches zeigen wild lebende Tiere in freier Natur.

Dem Fotografieren ging meist eine ausgiebige Recherche und Vorbereitung voraus. Ich musste herausfinden, wo und wann ich voraussichtlich mit welchen Tieren rechnen könnte. Also fragte ich bei hilfsbereiten ortskundigen Menschen nach, verbrachte viel Zeit im Gelände und suchte nach Spuren und anderen Hinweisen, wobei ich oft schöne Begegnungen hatte. Inzwischen konnte ich die meisten heimischen Vogel- und Säugetierarten beobachten – nur einen Iltis habe ich in den all den Jahren nie zu Gesicht bekommen.

Wenn ich schließlich einen vielversprechenden Platz gefunden hatte, legte ich mich mit der Kamera auf die Lauer. Durch jahrhundertelange Bejagung sind viele Wildtiere in Mitteleuropa extrem scheu und vorsichtig. Wer die Tiere stört, verscheucht also seine Motive. Daher war meine Strategie, möglichst unauffällig zu sein. Gelegentlich arbeitete ich aus Fotoverstecken, oft nutzte ich einen Tarnanzug, um meine Anwesenheit zu verbergen. Zudem musste ich die Sinnesleistungen meiner Motive berücksichtigen. Vögel wie Adler und Kraniche bemerken schon kleinste Bewegungen, viele Säugetiere wie Wölfe reagieren sehr empfindlich auf menschlichen Geruch. Ich musste also möglichst bewegungslos verharren und die Windrichtung beachten.

ZUVERLÄSSIGE AUSRÜSTUNG

Um scheue Tiere fotografieren zu können, setzte ich häufig lange Objektive bis zu einer Brennweite von 800 mm ein, wobei Geräte von Nikon und Sigma zum Einsatz kamen. Ich arbeitete stets mit Vollformatkameras von Nikon (D4, D4s, D850, Z7 II), die auch bei schlechten Lichtverhältnissen gute Ergebnisse liefern oder über Sensoren mit sehr hoher Auflösung verfügen. Die schwere Kombination aus Objektiv und Kamera machte den Einsatz eines soliden Stativs notwendig. Dadurch war ich leider ziemlich unflexibel und musste meist an einem Ort bleiben, um keine Unruhe zu verursachen. Zwar gab es

zahlreiche vergebliche Versuche, dennoch gelangen so im Laufe der Zeit auch Fotos von vorsichtigen Tieren wie Wölfen oder Bibern. Auch die Aufnahmen des Elchs (S. 80 ff.) entstanden in Brandenburg.

Trotz allen Aufwands konnte ich manche Bilder nicht in Deutschland machen, weil ich die Tiere nicht zu Gesicht bekam oder mit den Ergebnissen unzufrieden war. Daher entstanden die Fotos von Luchs (S. 147), Goldschakal (S. 149), Bienenfresser (S. 170–171) und Europäischer Sumpfschildkröte (S. 88) außerhalb Deutschlands. Die meisten Bilder von fliegenden Seeadlern und Milanen machte ich von einem Boot aus, wobei die Greifvögel von einem autorisierten Kenner mit toten Fischen angelockt wurden. Es handelte sich jedoch um völlig wild lebende Tiere – manchmal kamen sie, manchmal nicht.

Die Fotografien von geschützten Arten sind unter Einhaltung der geltenden naturschutzrechtlichen Bestimmungen und mit größtmöglicher Vorsicht entstanden. Wo in Schutzgebieten Genehmigungen nötig waren, lagen diese vor. Auch die Arbeit auf militärischen Sperrgebieten oder Stiftungsflächen war nur mit entsprechenden Genehmigungen möglich.

Natürlich ist ein Thema nie wirklich erschöpfend fotografiert. Bei vielen Motiven gibt es andere Blickwinkel, schönere Lichtstimmungen oder ein noch nicht dokumentiertes Verhalten. Für all das reicht ein einziges Leben einfach nicht aus. Aber natürlich werde ich weiter hinausgehen und versuchen, neue Motive zu finden oder alte zu verbessern. Und vielleicht sehe ich dann auch irgendwann einmal einen Iltis …

INFORMATIONEN UND LINKS

In Deutschland gibt es Schutzgebiete unterschiedlicher Kategorien. »Nationale Naturlandschaften e. V«. ist der Dachverband, unter dem sich alle deutschen Nationalparks, Biosphärenreservate und zertifizierten Wildnisgebiete sowie ein Teil der Naturparks zusammengeschlossen haben.

Nationalparks

Nationalparks sind aus Naturschutzsicht die strengste Schutzkategorie. Sie dienen vor allem dem Ziel, große möglichst ursprüngliche Gebiete zu bewahren, in denen sich die Natur weitgehend ohne Eingriffe des Menschen entwickeln darf. Eine Übersicht und weiterführende Links finden sich hier:
http://nationale-naturlandschaften.de/nationalparks

Biosphärenreservate

Biosphärenreservate sind Modellregionen, in denen ein ausgewogenes Verhältnis zwischen menschlicher Nutzung und dem Schutz wertvoller Lebensräume angestrebt wird. Sie schützen Kulturlandschaften mit einer besonderen Bedeutung für die biologische Vielfalt. Eine Übersicht und weiterführende Links finden sich hier:
http://nationale-naturlandschaften.de/biosphaerenreservate

Initiative Wildnis in Deutschland

Die Initiative »Wildnis in Deutschland« ist ein Zusammenschluss von 20 Naturschutzverbänden und -stiftungen, die gemeinsam mehr große Wildnisgebiete in Deutschland schaffen möchten.
https://wildnisindeutschland.de

Stiftung Naturlandschaften Brandenburg – Die Wildnisstiftung

Die Stiftung Naturlandschaften Brandenburg sichert für den Wildnisschutz wertvolle Flächen, vor allem ehemalige Truppenübungsplätze in Brandenburg, damit sich dort Urwälder von morgen entwickeln können.
www.stiftung-nlb.de

NABU-Stiftung Nationales Naturerbe

Die NABU-Stiftung Nationales Naturerbe kauft ebenfalls wertvolle Naturschutzflächen, um diese als Lebensraum für seltene und bedrohte Tiere und Pflanzen zu bewahren, agiert aber bundesweit.
https://naturerbe.nabu.de

Succow Stiftung

Die Succow Stiftung engagiert sich für Moor- und Klimaschutz, Biosphärenreservate und andere Schutzgebiete in Deutschland mit einem Schwerpunkt in Mecklenburg-Vorpommern, ist aber auch international tätig.
www.succow-stiftung.de

TV-Dokumentation »Neue Wildnis in Deutschland«

Für ZDF und 3sat ist Axel Gomille der Frage nachgegangen, wie sich in Deutschland wieder mehr Raum für wilde Natur schaffen lässt. Der Film ist noch bis Januar 2026 in der Mediathek abrufbar.
www.zdf.de/dokumentation/3sat-wissenschaftdoku/neue-wildnis-in-deutschland-102.html

LEGENDE
Nationalparks
Biosphärenreservate
Wildnisgebiete
N
0
50 km
Nationalpark Vorpommersche Boddenlandschaft
Nationalpark Jasmund
OSTSEE
Biosphärenreservat Südost-Rügen
Mecklenburger Bucht
Greifswalder Bodden
Pommersche Bucht
Wildnisgebiet Anklamer Stadtbruch
Stettiner Haff
Mecklenburg-Vorpommern
Biosphärenreservat Schaalsee
SCHWERIN
Müritz-Nationalpark
Müritz
Biosphärenreservat Flusslandschaft Elbe-Mecklenburg-Vorpommern
Nationalpark Unteres Odertal
Widlnisgebiet Tangersdorf
Biosphärenreservat Flusslandschaft Elbe-Brandenburg
Elbe
Oder
Biosphärenreservat Schorfheide-Chorin
POLEN
Niedersachsen
Sachsen-Anhalt
Berlin
BERLIN
Biosphärenreservat Drömling
POTSDAM
Wildnisgebiet Jüterbog
Wildnisgebiet Heidehof
Wildnisgebiet Lieberose
MAGDEBURG
Biosphärenreservat Mittelelbe
Brandenburg
Biosphärenreservat Spreewald
Wildnisgebiet Wanninchen
Brocken 1142
Nationalpark Harz
Biosphärenreservat Karstlandschaft Südharz
Wildnisgebiet Goitzsche Wildnis
Wildnisgebiet Grünhaus
Biosphärenreservat Oberlausitzer Heide- und Teichlandschaft
Wildnisgebiet Königsbrücker Heide
Wildnisgebiet Hohe Schrecke
Nationalpark Sächsische Schweiz
ERFURT
DRESDEN
Nationalpark Hainich
Hessen
Thüringen
Sachsen
Biosphären-reservat Rhön
Biosphärenreservat Thüringer Wald
TSCHECHIEN
Quellen:
Bundesamt für Naturschutz, BfN
Nationale Naturlandschaften e.V.
Initiative Wildnis in Deutschland
Stand: September 2021

DANK

Ein Buch über »Deutschlands wilden Osten« zu machen ist ein aufwendiges Projekt, das sich nicht alleine realisieren lässt. Besonderer Dank gilt meiner verständnisvollen Familie, die häufig auf mich verzichten musste, mich aber stets in jeder Hinsicht unterstützt hat. Ich danke Susanne Then, Joachim Hellmuth, Marianne Huber und Bettina Schippel vom Frederking & Thaler Verlag sowie Gaby Herbrecht für die erneute gute Zusammenarbeit. Weiterhin möchte ich den vielen hilfsbereiten und kenntnisreichen Menschen danken, die durch ihre Unterstützung oder durch fachlichen Austausch zum Gelingen dieses Werkes beigetragen haben. Sie sind hier in alphabetischer Reihenfolge aufgeführt:

Dipl.-Ing. Forstwissenschaften Axel Becker, Landesbetrieb Forst Brandenburg

Ruth Birkhölzer, M. A., Bundesamt für Naturschutz (BfN)

Felix Böcker, M.Sc., Wildtierinstitut – Forstliche Versuchs- und Forschungsanstalt Baden-Württemberg

Fred Bollmann, Ranger-Tours, Mecklenburg-Vorpommern

Tobias Bürger, Naturfotograf & -filmer

Volker Dienemann, Arbeitskreis Fischotterschutz

Dipl.-Biol. Götz Ellwanger, Bundesamt für Naturschutz (BfN)

Dipl.-Landsch.-Ökol. Bettina Gerlach, Dachverband Deutscher Avifaunisten e. V.

Manfred Großmann, Nationalpark Hainich

Dr. Matthias Hellmund, Müritz Nationalpark

Christof Herrmann, Landesamt für Umwelt, Naturschutz und Geologie MV, Beringungszentrale Hiddensee

Günther Hoffmann, Naturführer Mecklenburg-Vorpommern

Peter Ibe, Biosphärenreservat Mittelelbe (a. D.)

Dr. Michael Kaatz, Vogelschutzwarte Storchenhof Loburg e. V.

Dipl.-Geogr. Astrid Kiendl, Aktion Fischotterschutz e. V., Otter-Zentrum

Dipl.-Biol. Gesa Kluth, LUPUS Institut für Wolfsmonitoring und -forschung in Deutschland

Christoph Lampert, Brockenhaus GmbH, Harz

Anton Lehnig, Naturwacht Brandenburg

Anja May, Nationale Naturlandschaften e. V.

Hanspeter Mayr, Nationalpark Sächsische Schweiz

Dr. Andreas Meißner – Stiftung Naturlandschaften Brandenburg

Dr. Frank-Uwe Michler, Hochschule für nachhaltige Entwicklung Eberswalde

Dr. Stefan Nehring, Bundesamt für Naturschutz (BfN)

Anika Niebrügge, M. A., Stiftung Naturlandschaften Brandenburg

Dr. Günter Nowald, Kranichschutz Deutschland

Franz Graf von Plettenberg, Bundesforstbetrieb Lausitz

Klaus Puffer, Bundesforstbetrieb Nördliches Sachsen-Anhalt

Dipl.-Biol. Ilka Reinhardt, LUPUS Institut für Wolfsmonitoring und -forschung in Deutschland

Dr. Daniel Schmidt-Rothmund, NABU-Vogelschutzzentrum

Dr. Norbert Schneeweiß, Landesamt für Umwelt Brandenburg (LfU)

Dipl.-Biol. Annett Schumacher, Biosphärenreservat Mittelelbe

Annett Storm, Förderverein Nationalpark Boddenlandschaft e. V.

Lutz Storm, Nationalpark Vorpommersche Boddenlandschaft

Dipl.-Biol. Michael Striese, lutra – Büro für Naturschutz und landschaftsökologische Forschung

Prof. em. Dr. Michael Succow, Succow Stiftung

Gerhard Schwab, Biberexperte

Stefan Schwill, NABU Mecklenburg-Vorpommern

Dipl.-Biol. Jens Teubner, Landesamt für Umwelt Brandenburg, Naturschutzstation Zippelsförde

Frank Vökler, Ornithologische Arbeitsgemeinschaft Mecklenburg-Vorpommern

Dipl.-Biol. Antje Weber, Landesamt für Umweltschutz Sachsen-Anhalt

Jens Wilhelm, Nationalpark Hainich

Dr. Ulrich Zöphel, Sächsisches Landesamt für Umwelt, Landwirtschaft und Geologie

ÜBER DEN FOTOGRAFEN UND AUTOR

Axel Gomille ist Diplom-Biologe, Fotograf und Filmemacher. Er studierte Zoologie in Frankfurt und Florida und arbeitet beim ZDF als Redakteur und Autor mit dem Schwerpunkt Wildtiere, Natur und Artenschutz. Seine Tätigkeit führte ihn in viele der schönsten Naturreservate der Erde. Dabei interessiert ihn besonders, wie die Koexistenz von Menschen und Wildtieren im 21. Jahrhundert gelingen kann, denn wilde Tiere sind seine große Leidenschaft. Seine Fotoreportagen sind in internationalen Magazinen erschienen, für seine Fotos und TV-Dokumentationen wurde er mehrfach ausgezeichnet, er hat bisher neun Bücher veröffentlicht. Bei Frederking & Thaler ist sein Bildband »Deutschlands wilde Wölfe« erschienen, der erstmals das heimliche Leben deutscher Wölfe ausschließlich in freier Natur dokumentiert. Zum selben Thema hat er das Buch »Wölfe – Unterwegs mit dem Tierfotografen Axel Gomille« veröffentlicht, das sich speziell an die jüngeren Generationen richtet. Für den Bildband »Deutschlands wilder Osten« hat er über einen Zeitraum von fünf Jahren Wildtiere in freier Natur fotografiert.

Weitere Informationen: www.axelgomille.com

IMPRESSUM

Verantwortlich: Susanne Then
Lektorat: Dr. Juliane Braun, Daniela Hansjakob
Satz und Layout: VerlagsService Gaby Herbrecht
Korrektorat: Christiane Gsänger
Umschlaggestaltung: Nina Andritzky, Gaby Herbrecht
Kartografie: Huber-Kartographie
Repro: Ludwig:media
Herstellung: Bettina Schippel
Printed by Neografia, Martin

★★★★★

Sind Sie mit diesem Titel zufrieden? Dann würden wir uns über Ihre Weiterempfehlung freuen.
Erzählen Sie es im Freundeskreis, berichten Sie Ihrem Buchhändler oder bewerten Sie bei Onlinekauf. Und wenn Sie Kritik, Korrekturen, Aktualisierungen haben, freuen wir uns über Ihre Nachricht an Frederking & Thaler Verlag, Postfach 40 02 09, D-80702 München oder per E-Mail an lektorat@verlagshaus.de.

Unser komplettes Buchprogramm finden Sie unter

www.frederking-thaler.de

Alle Angaben dieses Werkes wurden von den Autoren sorgfältig recherchiert und auf den neuesten Stand gebracht sowie vom Verlag geprüft. Für die Richtigkeit der Angaben kann jedoch keine Haftung übernommen werden, weshalb die Nutzung auf eigene Gefahr erfolgt. Insbesondere bei GPS-Daten können Abweichungen nicht ausgeschlossen werden. Sollte dieses Werk Links auf Webseiten Dritter enthalten, so machen wir uns die Inhalte nicht zu eigen und übernehmen für die Inhalte keine Haftung.

In diesem Buch wird aus Gründen der besseren Lesbarkeit das generische Maskulinum verwendet. Weibliche und anderweitige Geschlechteridentitäten werden dabei ausdrücklich mitgemeint, soweit es für die Aussage erforderlich ist.

Weitere Bücher von Axel Gomille bei Frederking & Thaler:

Deutschlands wilde Wölfe
ISBN 978-3-95416-147-8

Grenzenlose Wildnis –
Nationalpark Bayerischer Wald –
(zusammen mit Kilian Schönberger)
ISBN 978-3-95416-336-6

Text-/Bildnachweis
Alle Fotos und Texte stammen von Diplom-Biologe Axel Gomille (www.axelgomille.com).

Die meisten im Buch genannten Bestandszahlen und Entwicklungstrends heimischer Vogelarten stammen aus folgenden Quellen:
Dachverband Deutscher Avifaunisten (DDA 2021):
Monitoring seltener Brutvögel – Bestandsindex auf Basis von Daten der ostdeutschen Bundesländer.
Atlas Deutscher Brutvogelarten (Gedeon et al. 2014):
Stiftung Vogelmonitoring Deutschland und Dachverband Deutscher Avifaunisten.

Umschlagvorderseite: Ein Wolf spiegelt sich im Wasser, als er in einem Feuchtgebiet in Sachsen trinkt – ein seltener Glücksfall für den Fotografen.
Umschlagrückseite: Der Nationalpark Sächsische Schweiz ist berühmt für seine markanten Felsformationen aus Sandstein.

S. 1: Ausgelassen toben drei junge Wölfe und eine ihrer älteren Schwestern aus dem Vorjahr über eine Lichtung in Sachsen.
S. 2/3: Ein Seeadler gleitet heran, um aus einem See in Mecklenburg-Vorpommern einen Fisch zu greifen.
S. 4/5: Der Rederangsee im Müritz-Nationalpark ist ein wichtiger Lebensraum für viele seltene Tierarten.
S. 6/7: Kraniche, Graugänse und Stockenten rasten im Frühjahr auf Feuchtwiesen in Mecklenburg-Vorpommern.
S. 18/19: Am Darßer Weststrand im Nationalpark Vorpommersche Boddenlandschaft grenzt der Wald direkt an die Ostsee.

Die Deutsche Nationalbibliothek verzeichnet diese Publikation in der Deutschen Nationalbibliografie; detaillierte bibliografische Angaben sind im Internet über http://dnb.d-nb.de abrufbar.

Infanteriestraße 11a
80797 München

ISBN 978-3-95416-280-2